AF464847

LIVRES CLASSIQUES
DE L'EMPIRE
DE LA CHINE.

LES LIVRES CLASSIQUES DE L'EMPIRE DE LA CHINE,

RECUEILLIS

PAR LE PERE NOEL;

PRÉCÉDÉS

d'Observations sur l'origine, la nature & les effets de la philosophie morale & politique dans cet empire.

TOME SECOND

A PARIS,

Chez DE BURE, BARROIS aîné & BARROIS jeune, quai des Augustins.

M. DCC. LXXXIV.

OBSERVATIONS
SUR
LES LIVRES CLASSIQUES DE L'EMPIRE DE LA CHINE.

Les Chinois ont deux sortes de livres claſſiques ou canoniques : les Kings, ou les livres canoniques du premier ordre ; & les Ssée-chu, ou livres canoniques du second ordre.

Les Kings sont au nombre de cinq ; l'Y-king, le Chu-king, le Chi-king, le Tchun-tſiou & le Li-ki.

L'Y-king remonte à la plus haute

antiquité; on l'attribue en grande partie à Fo-hi : c'eſt un ouvrage qui, par le moyen des emblêmes, explique ou repréſente la doctrine des anciens temps ſur les diverſes opérations de la nature, ſur les différents états de la vie humaine, ſur les vertus & ſur les vices, ſur les sorts heureux ou malheureux. Ainſi, par exemple, des montagnes sous terre ſignifient l'humilité, & la diſpoſition ou la longueur de différentes lignes combinées ſervent à exprimer les effets de cette vertu (1).

(1) Notice de l'Y-king, par M. Viſdelau, à la fin de la traduction du Chu-king.

Le Chu-king eſt l'hiſtoire des premiers empereurs, relativement à la morale & à la politique, ou le recueil de leurs principes ſur la morale & ſur le gouvernement.

Le Chi-king eſt un recueil de poéſies composées sous les regnes de la troiſieme race, & dans leſquelles on décrit les mœurs, les coutumes, les maximes des petits rois qui gouvernoient les provinces sous la dépendance de l'empereur (1).

Le Tchun-tſiou, c'eſt-à-dire le printemps & l'automne, eſt un ou-

(1) Du Halde, t. 2, p. 208.

vrage où l'on ſait voir qu'un empire ſe renouvelle lorsqu'il eſt gouverné par un prince ſage & vertueux, comme au printemps la nature renaît en quelque sorte, couvre la terre de verdure, & charge les arbres de feuillages; de même sous un prince vicieux & incapable, l'empire languit ou paroît être ſur ſon déclin, ainſi qu'en automne l'herbe ſe fane, les fleurs ſe flétriſsent, & les arbres ſe dépouillent de leurs feuilles (1).

Le Li-ki eſt le recueil des rites & des devoirs; l'ancien gouvernement

(1) Du Halde, ibid. p. 318.

y eſt repréſenté d'une maniere ſimple, et la morale des premiers ſages y eſt exposée avec candeur (1).

On voit par les annales de la Chine que la doctrine des Kings étoit la morale & la politique de cet empire depuis ſa fondation : alors, comme aujourd'hui, elle avoit pour objet les devoirs des rois & des ſujets, du pere & du fils, du mari & de la femme, de l'ami envers ſon ami : dans ces temps, comme aujourd'hui, on l'enſeignoit dans toutes les villes, dans tous les bourgs, dans tous les villages.

(1) Notice de l'Y-king, mém. des Chin. t. 4, p. 6.

Elle fut d'abord renfermée dans des maximes, dans des préceptes, dans des sentences, dans des exemples que les maîtres expliquoient selon les temps, selon les circonstances, & selon le degré d'intelligence, de foiblesse & de vertu de leurs auditeurs. Tel étoit, comme je l'ai dit, l'Y-king, qui consistoit en emblêmes qui exprimoient les idées des vertus & des vices. Tel étoit le Chu-king, que l'on doit regarder comme un traité de morale & comme un monument historique où toutes les instructions sont rapportées à l'occasion des événements.

Il falloit donc dans ces temps beaucoup de travail & une grande application pour bien entendre les principes de la morale politique de la Chine; & pour peu qu'il y eût d'interruption ou de relâchement dans l'étude & dans l'application, ces principes devoient nécessairement être moins bien entendus, et l'on devoit moins sentir & connoître la nécessité de suivre la doctrine qu'ils renfermoient.

C'est ce qui arriva lorsque le trône fut occupé par des princes moins éclairés & moins vertueux que les législateurs, & qui sentirent moins qu'eux la nécessité d'entretenir dans l'empire l'étude & la connoiſsance des livres claſſiques.

L'ignorance & les vices profitent de ce moment de négligence & de relâchement, s'introduiſent à la cour, & de la cour ſe communiquent aux grands, aux gouverneurs, aux mandarins : il ſe fait alors un conflit entre les mœurs, les vertus & les principes antiques d'un côté, & les mœurs, les vices & les principes modernes de l'autre, entre les hommes vertueux & les hommes corrompus, entre le reſpect des peuples pour les loix & le mépris des adminiſtrateurs pour ces mêmes loix ; ce conflit allume la guerre : & pendant plusieurs siecles, c'est le respect ou le mépris pour le gouvernement primitif qui éleve au trône ou qui en fait descendre.

Cependant les guerres fréquentes interrompent le cours de l'instruction & le progrès de la vertu. Il se forme plus de guerriers & de soldats que de citoyens, d'hommes & de sages; la puissance passe entre les mains de ceux-là, & ceux-ci ne peuvent plus opposer aux passions & aux vices que des lumieres & des vertus que la barbarie ne peut éteindre, mais qu'elle rend inutiles.

La généralité & la continuité des guerres portent néanmoins de nouvelles atteintes à l'inſtruction & à l'éducation, deux ſources principales des vertus morales & civiles des Chinois. On conſervoit encore les anciens livres; mais étant composés d'emblêmes & de ſymboles, ou écrits avec peu d'ordre & ſans méthode, il n'étoit pas poſſible qu'au milieu d'une guerre générale & perpétuelle, les citoyens de tous les ordres donnaſsent à l'étude de ces livres l'application néceſsaire pour les entendre, pour être bien convaincus que leur bonheur dépendoit de l'obſervation des maximes & des préceptes renfermés dans ces livres.

Les mœurs s'altérerent donc de plus en plus dans toute la partie de la nation qui ne pouvoit pas s'éclairer; & l'impossibilité de s'éclairer fit tomber dans l'oubli les livres destinés à instruire : par ce moyen, l'ignorance & le déréglement étoient réciproquement cause & effet l'un de l'autre.

A l'âge de dix-neuf ans, Confucius apperçut la cause des maux qui désolbient sa patrie, & forma le projet d'en arrêter le cours, en rétablissant dans les esprits la doctrine des premiers temps.

Les Chinois n'ayant plus ni la capacité d'attention ni la sagacité néceſsaires pour comprendre les livres anciens, & voir évidemment la liaiſon des principes de l'ancienne doctrine avec leur bonheur, ne les ſuivoient que par habitude ou par haſard : les paſſions, les plus légers intérêts, en faiſoient négliger ou violer les loix. Confucius jugea que, pour rétablir les mœurs anciennes, & rappeller ſes concitoyens à la vertu, il falloit leur faciliter l'intelligence des livres anciens, en proportionnant la clarté de la doctrine qu'ils renfermoient à la capacité des eſprits, en mettant dans les principes des anciens plus d'ordre, plus de suite, plus de liaiſon, & en donnant au corps de leur doctrine un degré de clarté & de ſimplicité qui le mît à la portée de tout homme doué d'une intelligence commune, & aſsez de généralité pour exercer la ſagacité des plus intelligents.

Le ſouvenir du bonheur de la Chine sous les premiers empereurs ſubſiſtoit encore dans tout l'empire, & les peuples ſoupiroient après le rétabliſsement de l'ancien gouvernement. On s'empreſsa d'écouter Confucius, qui, malgré ſa jeuneſſe, en poſsédoit tous les principes, les rendoit intelligibles aux moins capables, & donnoit à tous l'exemple des vertus qu'ils preſcrivent.

Ses ſuccès porterent ſa réputation juſqu'à la cour du prince de Lou, qui, pour lui procurer les moyens de ſubſiſter, lui donna l'intendance des beſtiaux. Il rempliſſoit ce mandarinat lorſqu'il s'éleva des troubles dans la principauté de Lou : il en ſortit, & y revint quelque temps après ; mais il y étoit ſans emploi. Ce fut alors qu'il rétablit les livres claſſiques des anciens : une foule de diſciples ſe rendirent auprès de lui ; il devint célebre, & le prince de Lou lui donna la préſidence du tribunal des ouvrages. L'habileté, la juſtice, le déſintéreſſement avec lequel il en remplit les fonctions, furent universellement applaudis, & il fut élevé à la charge de ministre d'état.

Confucius en eut à peine pris possession, qu'il fit arrêter & mourir Chao-tching-mao qui causoit du désordre dans le gouvernement. Sa rigueur surprit ses disciples; il leur dit: « Il y a cinq vices qui ren-
« dent l'homme plus criminel que
« s'il étoit voleur de grand che-
« min: un cœur fourbe, une con-
« duite artificieuse, un flux de lan-
« gue plein de mensonges & de
« fausseté, une mémoire heureuse
« qui publie le vice, enfin une com-
« plaisance naturelle dans le mal.

« Un ſeul de ces vices dans un grand « mérite la mort, & ne doit point « être pardonné par le ſage, s'il eſt « en état de le punir. Or ils ſe trou- « voient tous réunis dans Chao- « tching-mao; devois-je le laiſser « vivre? » (1)

Le châtiment de ce courtiſan pervers changea ſubitement les mœurs des grands & du peuple de Lou : le prince de Tsi fut effrayé des effets de la vertu dans le royaume de Lou; il réſolut d'en arrêter le progrès en attaquant la vertu même du prince. Sous prétexte de renouveller amitié

(1) Hiſt. génér. de la Chine, tome 1, page 209.

avec lui, il lui envoya un présent de femmes d'une beauté rare, & excellentes cantatrices. Le prince de Lou reçut le présent, & négligea le gouvernement de son état. Confucius en sortit, & se retira dans la province d'Ouéi.

Ling-kong, prince d'Ouéi, accompagné de la princesse son épouse, apperçut Confucius, & le fit monter dans son char. Un moment après, il arriva dans une place où une multitude oisive attendoit un spectacle. « Ah! s'écria Confu-« cius, je n'avois pas vu jusqu'ici « qu'un homme qui aime vérita-« blement la vertu se plût à la com-

« pagnie de gens qui ne sont atta-
« chés qu'au plaisir. »

Confucius descendit aussitôt, & se retira dans la principauté de Tso. Il n'y trouva pas assez de disposition à recevoir sa doctrine, pour s'y fixer; il passa dans la principauté de Song, accompagné d'un grand nombre de disciples.

Dans le temps qu'il les instruisoit sur les cérémonies & sur leur utilité, un président du tribunal de la guerre fondit sur lui, le sabre à la main. Confucius évita le coup qu'il lui portoit, sans paroître ému du danger qu'il avoit couru. Ses disciples voulurent l'engager à se cacher; il leur dit : « Si je suis aſsez « vertueux pour mériter la protec- « tion du Tien, que peuvent mes « ennemis contre moi ? »

Il continua de parcourir les provinces de l'empire, ſouvent accueilli par les princes, toujours redouté & perſécuté par les miniſtres ambitieux & corrompus, moqué & bafoué par les plaiſants dont fourmillent les cours ignorantes & voluptueuſes sous tous les climats.

A la mort du prince de Tchou qui le conſidéroit, on fit un vaudeville où l'on diſoit : « Pourquoi a- « vez-vous ainſi perdu votre vertu? « Si le repentir du paſsé eſt inutile,

« préparez-vous du moins à l'avè-
« nir ; quittez vos grands deſſeins,
« le gouvernement de nos jours eſt
« trop dangereux. » (1)

Cependant ſa réputation excitoit quelquefois les princes ou les miniſtres à l'appeller, mais bien plus pour ſatisfaire leur curioſité que pour profiter de ſes lumieres. Il ſentit l'inutilité de ſon inſtruction dans les cours, & ſe conſacra tout entier à rétablir & à mettre en ordre les anciens livres ; il en expliqua la doctrine à ſes diſciples, & compoſa des ouvrages pour l'enſeigner & pour

(1) Hiſt. génér. t. 2.

la persuader à tous les citoyens.

Confucius ne se proposoit pas d'amuser des courtisans ou des riches superficiels, oisifs & ennuyés, mais de rétablir la doctrine des anciens législateurs dans un grand empire qu'elle avoit rendu heureux; il jugea qu'il falloit que l'exposition en fût d'une simplicité & d'une clarté qui la rendît accessible aux citoyens les moins pénétrants & les moins capables d'application.

Il ne vouloit pas procurer à sa patrie un bonheur passager, mais y rendre stable, &, s'il étoit possible, perpétuelle la félicité dont elle avoit joui sous les premiers empereurs. Il voulut donc que ſa doctrine fît ſur les eſprits une impreſſion profonde, & que le ſouvenir en fût, s'il étoit poſſible, inaltérable dans tous ceux qui recevroient ſes inſtructions.

Il connoiſſoit l'eſprit humain; il ſavoit qu'on ne lui donnoit une connoiſſance ſolide & permanente des vérités, & ſur-tout des principes, qu'en les lui offrant ſouvent, & en lui en faiſant ſentir l'utilité ou la néceſſité par de fréquentes preuves, par des exemples multipliés, & en les préſentant sous des formes différentes, & quelquefois sous la même. Il voulut donc que la clarté de ſa doctrine fût jointe au retour fréquent de ſes principes fondamentaux & des preuves ou des exemples qui peuvent les perſuader.

Il ne négligea point l'élégance, les ornements, ni même les agréments du ſtyle; mais il ne voulut pas leur ſacrifier la clarté : il donna à ſes ouvrages & à ſes explications toute la préciſion qu'il put, mais ſans s'interdire la liberté de rappeller ſes principes & ſes idées, toutes les fois que la répétition n'en étant pas néceſſaire pour la clarté, elle pourroit être utile pour en imprimer plus efficacement & plus profondément le ſouvenir.

Voilà pourquoi l'on trouve dans les ouvrages de Confucius & dans ceux de ſes diſciples tant de préciſion, & cependant des retours plus ou moins fréquents des mêmes principes & des mêmes idées. Voilà pourquoi l'on y obſerve la plus grande ſimplicité & l'ordre le plus concis dans les idées, avec un peu de diffuſion dans les preuves & une confuſion apparente dans leur multiplicité; un air de négligence dans la maniere de préſenter ſes idées, & cependant des ornements naturels, & ſans recherche, ſans affectation, ſans enflure & ſans ſubtilité dans les expreſſions ou dans la maniere d'écrire.

En un mot, on voit dans les écrits & dans les explications de Confucius un philoſophe occupé du grand projet de former des hommes, & non de la puérile prétention de les étonner, de les éblouir ou de les amuſer, & de briller, d'exciter des applaudiſsements ou de faire rire.

Telle fut la vie de Confucius ; tels furent ſes travaux pour le bonheur de ſa patrie. Il mourut âgé de ſoixante & quinze ans, après avoir communiqué ſa doctrine à plus de trois mille diſciples, leur avoir appris l'art de l'enſeigner, & leur avoir inſpiré le courage de la publier au milieu des cours corrompues, & le desir d'en instruire les conditions les plus abjectes.

Leur enseignement, leur zele, répandirent dans l'empire un degré de lumiere & un amour pour la doctrine de Confucius, qui rendit inutiles les efforts des ministres vicieux & pervers pour la détruire, & qui convainquit les princes capables d'instruction & de vertu, de la nécessité de pénétrer tous les citoyens des principes de la doctrine de ce sage.

Chao-hoangti fondateur de la cinquieme dynastie, une des plus illustres qu'offrent les annales de la Chine; Chao-hoangti, dis-je, alla viſiter le tombeau de Confucius, & lui rendit les mêmes honneurs que s'il eût été le maître de l'empire : cérémonie qui ne s'étoit point encore pratiquée (1).

Ses ſucceſseurs marchent ſur ſes traces ; ils rétabliſsent les écoles, fondent des colleges, inſtituent des académies, & ne dédaignent pas de s'y montrer les inſtituteurs & les docteurs de leurs ſujets. Enfin Han-tchang-ti fait conſtruire une ſalle où il place l'effigie de Confucius & celle de ſoixante & douze de ſes diſciples ; & avec toute la pompe qui

(1) Hiſt. gén. t. 2, p. 518.

accompagne l'empereur dans les plus grandes ſolemnités, rend à Confucius les devoirs que les diſciples rendent à leur maître (1).

Les lettrés élevent auſſitôt des « miao à Confucius dans toutes les « villes de l'empire chinois, & re- « glent les honneurs ou le culte « qu'on lui rend encore aujour- « d'hui; on lui fait des offrandes « deux fois l'année, ainſi qu'à la « nouvelle & à la pleine lune; & ils « croient que ſon eſprit, qu'ils invo- « quent, ſe rend dans un magnifique « cartouche appellé le ſiege de l'eſ-

(1) Hiſt. gén. de la Chine, t. 3, p. 386.

« prit, ſur lequel ſon nom eſt écrit « en grandes lettres d'or; & qu'il « accepte les grains, les fruits, les « ſoieries & les parfums qu'on brûle « en ſon honneur, ainſi que le vin « de félicité qu'on répand, & les « chairs des animaux qu'on im- « mole (1). »

Confucius eſt donc en effet le docteur de la Chine : les ſalles conſacrées en ſon honneur dans toutes les villes, & le culte qu'on lui rend, donnent à ſa doctrine une autorité irréfragable, & en aſsurent la perpétuité dans tout l'empire.

---

(1) Hiſt. de la Chine, t. 11, p. 301.

Au milieu des troubles, des guerres civiles & des désordres qui agitent l'empire, les miao élevés en l'honneur de Confucius sont pour sa morale des asyles sacrés : dans les temps malheureux, le Chinois jette les yeux sur l'effigie de Confucius, sur le cartouche où son esprit repose, & y voit ses devoirs & les remedes aux malheurs de l'empire : au moment où un empereur est détrôné, ou bien où une dynastie s'éteint, Confucius redevient le maître de l'empire & le législateur des Chinois ; le successeur du prince détrôné, ou le fondateur de la nouvelle dynastie, est obligé de rendre hommage à ce philoſophe, de ſe reconnoître ſon diſciple, & de ſe conformer aux principes de ſa doctrine.

Telle eſt l'origine de l'autorité de la doctrine de Confucius, expoſée par lui-même ou par ſes diſciples, & contenue dans les ſix livres claſſiques traduits par le P. Noël; ils forment les Tsée-chu ou les livres canoniques du second ordre: ils sont au nombre de ſix : *L'École des Adultes* ou *la Grande Science*, *le Juſte Milieu*, *le Livre des Sentences*, *Memcius*, *la Piété filiale*, & *l'École des Enfants*.

Les livres canoniques du second

ordre ne contiennent que la doctrine des King, mais expliquée & exposée avec plus de méthode & plus d'ordre, dégagée de ce que les livres anciens ont d'obſcur, & réduite à des principes plus ſimples.

Ce sont ces livres que l'on enſeigne aujourd'hui à la Chine dans les écoles; & perſonne ne peut parvenir au grade de docteur ni aux charges, qu'après avoir ſubi pluſieurs examens ſur ces livres, que l'on fait d'ailleurs apprendre par mémoire à tous les Chinois (1).

---

(1) Noël proœm.

Les livres canoniques du second ordre sont donc en effet les livres classiques de la Chine, & contiennent le systême de philosophie morale & politique qui existe encore aujourd'hui dans cet empire, & qui le régit depuis trois mille ans.

Je pensois que les écrivains estimables qui s'occupent à réunir la morale des anciens feroient entrer ces livres dans leur collection; mais j'ai vu avec regret qu'ils s'étoient bornés à nous donner des pensées détachées de quelques-uns de ces livres : or ce n'est point dans des pensées détachées que l'on peut connoître un systême de philosophie morale & politique ou de législation.

On ne connoît pas mieux ce syſtême dans un petit ouvrage imprimé en 1688, à Amſterdam, sous le titre de *Morale de Confucius*, & réimprimé cette année.

Le P. du Halde n'a pour ainſi dire donné que le titre des chapitres de ces livres.

J'ai donc penſé qu'une traduction françoiſe de ces livres seroit utile aux perſonnes auxquelles la langue latine n'eſt pas familiere, ou qui n'ont pas la traduction du P. Noël, qui eſt en effet rare. Le P. Noël étoit certainement philoſophe,

& il n'a fait ſa traduction qu'après une étude de vingt ans de la langue chinoiſe.

Je ne donne aujourd'hui que la traduction de la *Science des Adultes* & celle du *Milieu immuable.*

La *Science des Adultes*, ou la grande Science, eſt un petit ouvrage de Confucius, donné & expliqué par ſon diſciple Tſem-tſée. L'objet du maître & du diſciple eſt de faire connoître à l'homme les moyens de régler ſes mœurs, & de s'élever à la vertu; les effets des mœurs bien réglées du citoyen ſur les mœurs de ſa famille; l'influence des mœurs d'une famille bien réglée ſur les mœurs d'une province ; la puiſſance des mœurs d'une province ſur les mœurs de tout l'empire ; & enfin le rapport eſſentiel des bonnes mœurs du citoyen, des familles, des provinces & de l'empire, avec le bonheur général & particulier.

Ainſi, ſelon Confucius, la politique ſe réduit à la morale, & la morale au rétabliſſement de l'homme dans ſon état naturel ; c'eſt-à-dire au rétabliſſement de la droiture, de la raiſon, & des inclinations avec leſquelles la nature fait naître l'homme ; car la raiſon & les inclinations naturelles de l'homme le conduiſent à la paix, à l'union, à la concorde avec ſes ſemblables, & au bonheur ; ce qui eſt l'objet du philoſophe auſſi-bien que du politique, & le but de Confucius dans l'ouvrage intitulé, *la Grande Science.*

Le *Juſte Milieu*, ou le Milieu immuable, a été donné par Tsée-sée, petit-fils de Confucius. L'objet de cet ouvrage eſt de prouver que l'homme a une loi qu'il doit ſuivre inviolablement. Confucius examine ſes paſſions, ſes inclinations, ſes deſirs, & découvre dans le cœur humain un principe que l'auteur de la nature y a déposé pour le diriger,

& pour fixer l'homme dans un juste milieu entre tous les sentiments dont il est affecté.

Le principe donné à l'homme pour le diriger & pour le fixer n'est que la droite raison : Confucius s'éleve jusqu'à la source d'où elle émane ; il en parcourt les effets dans toute la nature ; redescend dans le cœur du sage, y contemple ses opérations, & voit comment elle le conserve dans le juste milieu.

Les auteurs des mémoires concernant les sciences, &c. chez les Chinois, ont plutôt paraphrasé que traduit ces ouvrages ; & Confucius est, chez eux, moins un philosophe qu'un rhéteur. C'eſt ainſi que penſent les ſavants qui ont lu ces ouvrages dans leur langue originale, & c'eſt ainſi que penſeront ceux qui voudront comparer la traduction latine des PP. Couplet, Intorceta & Noël, avec ce que l'on trouve dans le premier volume des mémoires, sous le nom de *Traduction de la Grande Science & du Juſte Milieu.*

LA GRANDE SCIENCE,

OU

LA SCIENCE

DES ADULTES.

LA GRANDE SCIENCE,

OU

LA SCIENCE DES ADULTES.

La ſcience qui doit occuper l'homme ſe réduit à trois points : à rétablir dans soi-même la doctrine & la clarté primitive de la faculté ou de la nature raiſonnable ; à renouveller les peuples, à tendre ſans ceſse à la plus grande bonté, ou à la perfection ; & à ne s'arrêter que lorſqu'on eſt arrivé au dernier degré.

Le caractere, l'éducation, le tempérament, les passions peuvent obscurcir ou altérer la droiture & la clarté de la faculté raisonnable; mais on peut la rétablir dans son état naturel & primitif en prenant pour guide la lumiere naturelle, & en faisant de sinceres & de fréquents efforts pour ne s'en pas écarter: c'est ainsi que l'on rend son éclat au miroir en rétablissant le poli de sa surface rongée par le temps, ou ternie par les corps étrangers qui s'y attachent.

Lorsque l'homme a été assez heureux pour recouvrer la droiture & la clarté primitive de la faculté raiſonnable, ſon premier soin doit ſe porter vers les autres hommes; il faut que, par ſon exemple, par ſes inſtructions & par ſes exhortations, il s'efforce d'engager tous les hommes à travailler au rétabliſsement de leur faculté raiſonnable, en éloignant tous les obſtacles qui les empêchent de s'approcher de la vérité, en diſſipant les ténebres dont ils sont enveloppés, en déracinant les habitudes vicieuſes qui les ont corrompus, en sorte qu'ils deviennent des hommes nouveaux: c'eſt à-peu-près ainſi qu'un habit qui n'étoit ſali que par quelques taches, devient neuf lorſqu'on les a enlevées.

Enfin celui qui travaille à rétablir dans lui-même ou dans les autres la droiture & la clarté primitive de la faculté raiſonnable, ne doit ceſser d'y travailler que lorſqu'il aura porté ſon entrepriſe au dernier degré de perfection : c'eſt ainſi que le voyageur marche ſans ceſse, & ne s'arrête que lorſqu'il eſt de retour dans ſa maiſon.

Celui qui sait où il doit tendre & s'arrêter, a une deſtination & une fin qu'il connoît & qui eſt déterminée ; éclairé, dirigé, ſoutenu par cette connoiſsance, il peut s'affranchir de la tyrannie des paſſions, des tourments du chagrin, & de la ſatigue de l'incertitude & de la perplexité ; il peut alors jouir de la paix au dedans & au dehors.

Lorſque le calme regne dans ſes ſens & dans ſon cœur, il peut rechercher, examiner, diſtinguer exactement les objets, & par conſéquent le terme où il doit s'arrêter & ſe fixer.

Il y a dans preſque toutes les choſes un principal & un acceſsoire ; & dans toute eſpece d'entrepriſe, un commencement & une fin, à-peu-près comme il y a dans un arbre, des racines, des branches & des fruits. Les adultes doivent donc ſuivre dans leur études un ordre, s'ils ne veulent s'expoſer à tomber dans la mépriſe du cultivateur qui voudroit recueillir des fruits ſur un arbre qu'il auroit planté ſans racines.

Cet ordre dans l'étude des adultes conſiſte à rétablir leur ame dans ſa droiture & dans ſa clarté naturelle; & enſuite à conduire le peuple à cet état. L'objet immédiat de cette grande entrepriſe eſt la connoiſsance du terme où l'homme doit tendre, & la fin eſt d'y arriver & de s'y fixer.

Il eſt bien difficile que celui qui connoît & qui suit cet ordre ne découvre pas la route de la vraie vertu, & qu'il s'en écarte après l'avoir découverte.

Tel fut l'ordre que ſuivirent, dans la plus haute antiquité, les ſages princes qui formerent le projet de rétablir dans tout l'empire & dans tous les royaumes qui le compoſent, la clarté primitive de la faculté raiſonnable, obſcurcie par l'erreur & par le vice.

Ils crurent que, pour réuſſir dans ce projet, il falloit commencer par établir un bon gouvernement dans leur propre royaume; que, pour établir un bon gouvernement dans leur royaume, il falloit faire régner la paix & l'ordre dans leur propre maiſon; que, pour faire régner l'ordre & la paix dans leur maiſon, il falloit régler leurs mœurs & leur conduite; que, pour bien régler leurs mœurs & leur vie, il falloit faire régner l'ordre dans leurs inclinations & dans leurs affections; qu'ils ne pouvoient établir l'ordre dans leurs inclinations & dans leurs affections, qu'en affermiſsant leur volonté dans l'amour du vrai bien, & dans la vraie haine du vrai mal; que, pour affermir la volonté dans le véritable amour du bien, & dans la vraie haine du mal, il falloit que l'ame, à l'aide du raiſonnement, acquît une connoiſsance exacte &

claire du bien & du mal ; que le ſeul moyen de l'acquérir étoit un examen exact de la nature des choſes, c'eſt-à-dire l'étude de la philoſophie.

Ainſi la philoſophie étoit la baſe ſur laquelle portoit le grand & ſublime édifice du renouvellement des peuples, & de la politique des premiers empereurs.

En effet, par la philoſophie on acquiert une connoiſſance exacte & claire de la nature des objets & de leurs rapports. Celui qui connoît exactement & clairement la nature & les rapports des objets, a une connoiſſance claire & un diſcernement sûr du vrai & du faux, de l'honnête & du déshonnête; la connoiſsance claire & sûre du vrai & du faux, de l'honnête & du déshonnête, conduit à la connoiſsance claire & certaine du vrai bien & du vrai mal; la connoiſsance claire & certaine du vrai bien & du vrai mal fait naître dans la volonté l'amour du vrai bien & la haine du vrai mal (1).

---

(1) Toutes ces conséquences naiſsent du principe fondamental de la philoſophie morale & politique des législateurs chinois, ſavoir que l'homme aime néceſsairement ce qu'il connoît évidemment être le vrai bien, & qu'il hait néceſsairement ce qu'il connoît évidemment être le vrai mal.

Celui dont la volonté eſt fixée & affermie par cette connoiſsance dans l'amour du vrai bien & dans la haine du vrai mal, peut faire régner l'ordre & la regle dans tous les mouvements de ſon cœur ; celui qui a ſoumis à l'ordre & à la regle toutes les inclinations & toutes les affections de ſon cœur, peut faire régner l'ordre & la régularité dans ſes mœurs & dans ſa conduite ; celui qui a une conduite & des mœurs bien réglées, peut faire régner la paix & la concorde, l'ordre & l'harmonie dans ſa maiſon ; celui qui fait régner la paix, la concorde, l'ordre & l'harmonie dans ſa maiſon, peut établir un bon gouvernement dans ſon royaume; en établiſsant un bon gouvernement dans ſon royaume, il peut, par ſon exemple, cauſer une eſpece de commotion dans tout l'empire, attirer l'attention de tous les royaumes, y allumer l'amour de la vertu, & y faire renaître la paix, le calme & le bonheur.

Toutes les opérations de cette importante & ſublime politique ſont liées entre elles par une chaîne indiſsoluble, qui aboutit à l'établiſſement général des bonnes mœurs: car c'eſt viſiblement à cet objet que ſe rapportent la philoſophie, les connoiſsances qu'elle procure à l'eſprit, les affections & la droiture du cœur, qui naiſsent de ces connoiſſances, l'ordre & la diſcipline qu'elles produiſent dans la maiſon, le bon gouvernement que l'ordre & la diſcipline de la maiſon établit dans le royaume, le calme & la tranquillité que le bon gouvernement du royaume procure à tout l'empire.

Ainſi, depuis l'empereur juſqu'au moindre de ſes ſujets, chacun ſans aucune exception doit s'appliquer à régler ſes mœurs & ſa conduite, & regarder cette occupation comme le premier de ſes devoirs, &

comme le principe de ſon bonheur.

Vouloir avec de mauvaiſes mœurs & une conduite déréglée établir l'ordre dans ſa maiſon, bien gouverner une province ou rendre l'empire heureux, c'eſt entreprendre de faire ſortir des branches & des fruits d'un tronc mort & deſséché.

Lorſqu'après avoir rétabli la clarté naturelle de ſon eſprit on a bien réglé ſes mœurs & ſa conduite, on entreprend de renouveller les autres : il faut encore dans cette entrepriſe ſuivre un ordre.

Il ne faut pas que notre zele ſe porte indiſtinctement vers tous les hommes, & qu'il embraſse à la fois tout l'empire; ceux qui composent notre maison, nos parents, nos consanguins, nos voisins, doivent être le premier objet de nos soins & de nos efforts.

Comment celui qui néglige sa maison, qui doit lui être très chere, pourroit-il avoir le zele, la constance & l'attention nécessaires pour établir un bon gouvernement, & faire régner la paix dans tout l'empire, qui doit lui être beaucoup moins cher que sa maison, sa famille, ses voisins & ses amis?

VOILA quel est l'ouvrage de Confucius, connu sous le nom de *la grande ſcience ;* il a été recueilli & donné par ſon diſciple Tſun-tſée, qui ne s'eſt pas permis d'y ajouter ni d'en retrancher un ſeul mot. Mais il y a joint un commentaire tranſmis par ſes diſciples avec la même fidélité, & qui fait partie des livres claſſiques.

Tſun-tſée partage le traité de la grande ſcience en dix chapitres, ou plutôt il le réduit à dix chefs qui sont: 1°. le renouvellement en moi-même; 2°. le renouvellement des peuples; 3°. les moyens de s'élever à la perfection; 4°. la néceſſité de bien diſtinguer l'acceſsoire du principal, & les moyens de la fin; 5°. la néceſſité de connoître la nature des choſes pour connoître le vrai bien & le vrai mal ; 6°. la néceſſité & la maniere de fixer la volonté dans l'amour du vrai bien & dans la haine du vrai mal ; 7°. les moyens d'arriver à la droiture du cœur, néceſſaire pour bien régler ſes mœurs ; 8°. la néceſſité & la maniere de bien régler ſes mœurs pour bien régler ſa maiſon ; 9°. la néceſſité de bien régler ſa maiſon pour bien gouverner ſon royaume ; 10°. les moyens que le bon gouvernement du royaume donne pour faire régner l'ordre, la paix & le bonheur dans tout l'empire.

Le diſciple explique & prouve ces différents chefs par les éclairciſsements qu'il a reçus de Confucius même, & par les annales de l'empire ; en sorte que cette eſpece de commentaire ou de développement de la grande ſcience fait voir que les principes de Confucius ne sont pas de belles ſpéculations qu'il ſoit impoſſible de réduire en pratique, mais des maximes qui ont dirigé les meilleurs & les plus ſages empereurs de la Chine, & sous le gouvernement deſquels les Chinois ont joui du plus grand bonheur.

TSUN-TSÉE fait voir d'abord par des textes des livres canoniques & par l'exemple de plusieurs anciens empereurs, tirés des annales de l'empire, en quoi consiste le renouvellement de soi-même, & ce qu'il faut faire pour rendre à la nature raisonnable cette clarté primitive qu'elle a reçue du ciel.

Les fils de Ven-ven, après la mort de leur illustre pere, parlent de son habileté à rétablir la clarté primitive de la nature raisonnable, & de son soin à se préserver de tout ce qui pouvoit l'obscurcir. Guidé par cette lumiere qu'il regardoit comme la loi du ciel, il donne au peuple de grands exemples de vertu, & fonde notre dynaſtie, diſent ſes enfants; quelques états ſe ſoumirent à lui; enſuite les peuples occidentaux, pénétrés de reſpect pour lui, le deſirerent pour maître (1).

Le jeune empereur Taitien négligea le rétabliſsement de la clarté naturelle, qui avoit élevé ſes ancêtres au plus haut degré de gloire & de grandeur. Son miniſtre lui fit

---

(1) Chou-king, part. 4, c. 3, p. 194, trad. du Chou-king par le ſieur Amelot. J'ai tiré du Chou-king même les exemples rapportés dans le comment. parcequ'ils m'ont paru trop ſuccincts dans ce dernier.

de vives repréſentations ſur les malheurs auxquels il s'expoſoit ; le roi y parut inſenſible. La conduite du roi, dit le miniſtre, n'eſt qu'une suite de fautes ; il faut qu'il n'ait aucune communication avec ceux qui ont de mauvaiſes mœurs. Il fit bâtir un palais dans le lieu de la ſépulture de ſon aïeul. Tchin-tac lui donna les inſtructions propres à rétablir la clarté primitive de la raiſon, & le rendit à la vertu (1).

Chun, ſucceſseur d'Y-a-o, quoique né d'un pere aveugle qui n'avoit ni eſprit ni talent, & d'une

---

(2) Ibid. part. 3, c. 5, p. 96.

méchante mere, quoique frere de Siang qui étoit plein d'orgueil, sut rétablir en lui-même la clarté primitive de la nature raiſonnable, obſerva les regles de la piété filiale, vécut en paix, & parvint inſenſiblement à corriger les défauts de ſa famille. L'éclat de ſes vertus ne fut pas renfermé dans ſa famille, il ſe répandit dans tous les ordres de l'état ; & lorſque Y-a-o voulut ſe donner un ſucceſſeur, tous les grands lui propoſerent Chun, qui gouverna l'empire comme Y-a-o.

Y-a-o, dont la gloire remplit le monde, & durera autant que la Chine ; Y-a-o, en rétabliſſant la clarté primitive de la nature raisonnable, acquit dans un degré supérieur la discrétion, la pénétration, l'honnêteté, la décence & la prudence, la gravité & l'humilité.

Le spectacle de ses vertus établit la paix dans sa famille, le bon ordre parmi les officiers, l'union dans tous les pays; ceux qui avoient tenu jusques-là une mauvaise conduite, se corrigerent, & la paix régna par-tout (1).

Le second chapitre traite du renouvellement des peuples.

Il faut, pour produire cette heu-

---

(1) Chou-king, part. 1, c. 1.

reuſe révolution, l'opérer dans soi-même, & veiller avec la plus conſtante ferveur pour avancer chaque jour dans cette carriere.

Une inſcription gravée par ordre de Tchin-tang, ſur un baſſin dans lequel il ſe lavoit tous les jours le viſage, portoit qu'un prince qui avoit été aſsez heureux pour ſe rétablir dans la droiture & dans la clarté primitive, devoit ſe renouveller tous les jours, & devenir tous les jours un homme nouveau en s'élevant chaque jour à un nouveau degré de vertu.

La ferveur conſtante du prince pour avancer dans la carriere de la vertu fait naître dans le peuple le desir de se réformer ; il faut alors que l'instruction, les loix, toutes es institutions civiles, religieuses & politiques, animent, soutiennent & dirigent ce desir.

Telles sont les instructions que, dans le Chou-king, donnent les souverains à leurs enfants, & les ministres aux empereurs.

Le renouvellement de soi-même n'est dans le prince qu'un moyen de procurer le renouvellement du peuple; & le renouvellement du peuple n'est lui-même qu'un moyen pour parvenir au renouvellement de l'empire.

Tel fut le plan que ſuivit Ven-vam ; après avoir renouvellé ſon eſprit & ſes mœurs, il renouvella le peuple de ſon royaume, il renouvella tout l'empire que la providence lui avoit confié : c'eſt le témoignage que lui rend dans le Chi-king une ode qui dit :

« Quoique les Tcheous ſoient « des plus anciens rois, remontant « juſqu'à Hev-eié qui fut élevé à « la dignité de roi il y a plus de « mille ans, cependant on croiroit « que leur empire eſt nouveau, en « voyant la vigueur avec laquelle « ſe ſoutient le renouvellement du « peuple, opéré par Ven-vam de-

« puis ſon avénement au trône im-
« périal. »

On voit par l'exemple de ces trois princes, que les anciens rois croyoient que c'étoit dans le renouvellement de soi-même & du peuple, que les princes devoient chercher la perfection & la gloire qui l'accompagne.

Le chapitre troiſieme explique ce que Confucius appelle ſe fixer dans la perfection.

Il n'y a rien ſur la terre qui ne puiſse trouver un lieu de repos : le Chi-king dit : « Le diſtrict ſoumis
« immédiatement à l'empereur eſt
« de mille ſtades, & cependant dans

« tout cet espace il n'y a personne « qui ne trouve un lieu où il peut « habiter constamment & paisible- « ment. »

Il faut donc que celui qui veut acquérir des connoissances & parvenir à la vertu, sache où il doit s'arrêter & se reposer : le Chi-king dit : « Voyez ces moineaux jaunâ- « tres que l'on nomme mien-man ; « ils savent trouver dans les lieux « escarpés de la forêt une place « pour se reposer & pour y cons- « truire sûrement leurs nids. »

Confucius, en lisant ce passage, disoit : Ces petits oiseaux connoissent admirablement où ils doivent ſe retirer & ſe fixer pour être tranquilles & en sûreté ; n'eſt-il pas honteux que l'homme ſoit à cet égard ſi loin du moineau ? la perfection eſt pour l'homme ce que la forêt eſt pour le moineau.

Voulez-vous ſavoir préſentement comment les anciens ſages ſe sont élevés à la perfection, & s'y sont fixés ? jettez les yeux ſur Ven-vam ; voici comment le Chi-king en parle : « O que Ven-vam fut « doué d'une vertu pure & ſubli- « me ! qu'elle fut éclatante ſans que « rien en ait jamais altéré la ſplen- « deur ! Son eſprit tendoit avec une « ardeur & une vigilance infatiga-

« bles à la perfection ; & chacune « de ſes actions avoit toute celle « dont elle étoit ſuſceptible. »

Rien d'exagéré dans cet éloge ; & ſi vous en doutez, ſuivez Venvam dans ſes différents âges, & dans toutes les époques de ſa vie ; vous le trouverez tendant, arrivant & ſe fixant à la perfection de ſon âge & de ſon état : ſouverain, il a pour ſon peuple la tendreſſe la plus attentive, la plus active & la mieux réglée ; ſujet, il eſt un modele de ſubordination & de reſpect pour le ſouverain ; fils, il remplit avec la plus ſcrupuleuſe exactitude & la plus touchante ferveur tous les devoirs de la piété filiale; il fut le plus tendre des peres, & le plus fidele des amis.

« Voyez-vous, continue le Chi-
« king, voyez-vous le charmant
« tableau qu'offre le fleuve Ki par
« la limpidité de ſes eaux & par l'aſ-
« pect des roſeaux qui croiſſent ſur
« ſes rives, & qui le couronnent
« ſans ceſſe d'une nouvelle verdu-
« re ? C'eſt une image parfaite de
« la vertu de Ven-vam.

« Entrez dans l'attelier du ſculp-
« teur, conſidérez ſon travail; il
« coupe d'abord l'ivoire avec la
« ſcie, il le façonne enſuite avec le
« ciſeau, & le polit avec le riflard.

« Voyez le lapidaire; il taille d'a-
« bord la pierre avec le poinçon,
« & la polit ensuite avec l'émeril:
« voilà encore l'image fidele de la
« vie de Ven-vam. Que de sagacité
« & de constance dans son ame!
« que de décence & de dignité dans
« ses manieres! En un mot, il pos-
« sédoit toutes les vertus & toutes
« les qualités qui font un prince
« accompli, & qui rendent son nom
« immortel. »

Le poëte, en comparant Ven-vam au sculpteur qui coupe l'ivoire avec sa scie, & qui le polit ensuite avec le riflard, exprime l'application infatigable de l'empereur à l'étude des lettres & des ſciences ; & l'image du lapidaire qui, après avoir taillé le diamant, s'occupe à le polir, déſigne l'attention continuelle de l'empereur pour corriger ſes moindres défauts, & pour acquérir toutes les vertus.

Ces exclamations du poëte, « ô « quelle pénétration & quelle conſ« tance dans ſon eſprit ! » nous apprennent que jamais l'ardeur de ce prince pour la recherche de la vérité ne s'eſt refroidie ; & que jamais il n'a ceſsé de s'en occuper, pour ne pas perdre, par des intervalles de négligence ou de diſtraction, la moindre des connoiſsances qu'il avoit acquiſes, & qu'il ne devoit qu'à un travail aſſidu.

Ces paroles : « que de décence « & de dignité dans toutes ſes ma-« nieres ! » indiquent l'air de douceur & de majeſté que ſa vigilance ſur lui-même répandoit ſur toute ſa perſonne, & qui inſpiroit à tous ceux qui le voyoient le reſpect, l'amour & le deſir de l'imiter.

Cette belle concluſion, « il poſ-« ſédoit toutes les vertus & toutes « les qualités qui font un prince « accompli, & qui rendent ſon nom « immortel ; » ces paroles, dis-je, apprennent que la perfection à laquelle Ven-vam s'étoit élevé en rétablissant la clarté primitive de sa nature raisonnable, avoit fait sur l'esprit des peuples une si profonde impression d'amour, de respect & d'admiration, que le temps n'en pourra effacer le souvenir.

Le Chi-king dit encore : « O il-« lustre prince, combien de géné-« rations se sont ensevelies depuis « votre regne ! & cependant votre « mémoire est présente à tous les « esprits ! »

En effet, leur mémoire s'est perpétuée jusqu'à nous, & leurs vertus ne sont ignorées de personne, parcequ'ils ont formé des sages qui ont suivi leurs exemples, & transmis leur doctrine ; par cette succession d'enseignements & de vertus, la bonté paternelle s'est perpétuée dans la postérité des empereurs, & les peuples jouissent encore des établissements, des loix, & des institutions de ces illustres princes pour la formation des villes & des bourgs, pour le partage des terres, pour la subsistance des peuples, pour la paix de tout l'empire : ainsi leur souvenir sera précieux à toutes les générations, & jamais leurs noms & leurs vertus ne tomberont dans l'oubli.

Le quatrieme chapitre explique ces paroles de Confucius :

« Dans toutes choses il y a l'ac-

« ceſsoire & le principal, les moyens « & la fin. »

Voici l'explication :

Confucius diſoit : Je pourrois comme un autre entendre plaider & juger ; car qu'y a-t-il dans cette fonction de ſi difficile & de ſi important ?

Mais ce qui eſt également important & difficile, c'eſt de faire en sorte que les hommes ne plaident pas.

Voilà le principal de la grande ſcience du renouvellement de ſoi-même ; il conſiſte à inſpirer un ſentiment ſi profond d'amour & de reſpect pour la vérité, que le menſonge & la fauſseté, qui sont la ſource de tous les procès, n'oſent ſe montrer.

En effet, ajoute le commentateur, lorſqu'un ſage a rétabli la droiture & la clarté primitive de ſa nature raiſonnable, par une conſtante pratique des vertus ſociales, il attire les regards de ceux au milieu deſquels il vit, il excite leur curioſité; bientôt ils le réverent, ils l'admirent; ils redoutent ſon improbation, ils deſirent ſon approbation, ils s'efforcent de la mériter; ils oſent aſpirer au bonheur & à la conſidération dont il jouit; ils ſe renouvellent eux-mêmes, & banniſsent de leur cœur les paſſions

& les vices d'où naiſsent les procès, & qui rempliſsent les tribunaux de plaideurs.

C'eſt donc prendre l'acceſsoire pour le principal, que de regarder la juriſprudence & les tribunaux comme le premier & le plus sûr moyen de faire régner la juſtice dans l'état.

Dans le cinquieme chapitre, Tſun-tſée expliquoit ce que Confucius dit ſur la maniere d'acquérir la connoiſsance parfaite du vrai bien & du vrai mal, qui conſiſte à rechercher & à connoître la nature & les rapports des choſes.

Cette explication s'eſt perdue;

celles que les docteurs chinois lui ont ſubſtituées ne paroiſsent ajouter rien au ſens que le texte même de Confucius offre à l'eſprit.

Dans le ſixieme chapitre, on explique comment on peut fixer la volonté dans le véritable amour du bien, & dans la vraie haine du mal.

Pour arriver à cet état, il faut être toujours de bonne foi avec ſoi-même, & ne ſe permettre pas la moindre illuſion ſur ſon état & ſur ſes propres diſpoſitions; il faut aimer ſincèrement la vérité, & la chercher avec ardeur: alors on hait le vice, & on le fuit comme on hait & comme on évite un objet difforme ; on aime & l'on recherche la vertu, comme on aime & comme on recherche la beauté ; l'homme trouve alors ſon bonheur en lui-même, il ſe ſuffit à lui-même, & il en jouit avec délices.

Les mépriſes, les erreurs, les illuſions de l'homme ſur lui-même, ont leur ſource dans le déguiſement & dans l'impoſture de la volonté même, ſi l'on peut parler ainſi ; comme la paix & la ſatisfaction intérieure a ſon principe dans la droiture & dans la ſincérité de la volonté. Or cette fauſseté ou cette ſincérité intérieure, d'où naît le diſcernement du vrai bien & du vrai mal, n'eſt connue que de celui en qui elle eſt.

Il faut donc que le ſage ſe forme au-dedans de lui-même une eſpece de ſolitude dans laquelle il ſe retire ſouvent pour veiller ſur cette volonté intérieure que lui ſeul peut connoître ; & qu'il apporte toute l'application poſſible pour en bannir tout déguiſement, toute diſſimulation, & pour y faire régner la candeur & la ſincérité la plus pure.

Il n'en eſt pas ainſi de cette eſpece de petits hommes préſomptueux qui ſe croient prudents, & qui ne sont qu'inſenſés ; lorſqu'ils sont ſeuls & qu'ils agiſsent par eux-mêmes, ils ne ſe refuſent à aucun excès, ni même à aucun crime.

Un ſage paroît-il ? on les voit auſſitôt inquiets, troublés, ou prodigieuſement agités pour voiler leur méchanceté, couvrir leurs vices, & ſe donner l'air, le maintien, la phyſionomie de l'honnête homme : vaines reſsources, artifices inutiles; le cœur de l'homme eſt toujours ouvert au ſage, & il lit ce qu'on veut lui cacher.

Chaque ſentiment, chaque affection de l'ame, imprime pour ainſi dire ſon caractere ſur le corps de l'homme, ſur ſes organes, ſur ſes attitudes, ſur ſes regards, dans les accents de ſa voix, dans le choix de ſes expreſſions.

Le ſage qui connoît la nature des choſes, leur eſsence, leurs rapports & leurs liaiſons, démêle donc ſans peine les traits du vice au milieu des fauſses apparences d'honnêteté & de probité dans leſquelles le méchant s'enveloppe; voilà pourquoi le ſage veille ſans ceſse ſur ſon cœur, afin qu'il ne s'y éleve aucun ſentiment qui puiſse donner au-dehors le moindre indice de vice.

Celui qui dit, perſonne ne sait ce qui ſe paſse dans mon cœur, ſe trompe donc; car le ſentiment le plus profondément caché dans notre cœur, ſoit bon, ſoit mauvais, ſe manifeſte au-dehors par quelque indice qui ne peut échapper à ceux qui nous obſervent.

En effet, puiſque l'honnêteté & le vice impriment leur caractere ſur tout l'extérieur, l'hypocrite ne peut cacher ſes vices, ni aux yeux de l'honnête homme, ni à ceux du méchant, quelque peu clairvoyants qu'ils ſoient d'ailleurs. Voilà, ce me ſemble, pourquoi Confucius dit qu'on ne peut trop s'obſerver ſur ce que les aveugles voient, & ſur ce que les ſourds entendent.

Ainſi auſſitôt que la vertu a pris

poſseſſion du cœur de l'homme, elle en sort pour imprimer ſur tout le corps où elle habite, l'image & l'expreſſion de ſa beauté.

Semblable à l'homme riche, qui, non content d'orner l'intérieur de ſa maiſon, embellit encore ſes dehors ; l'homme vertueux veut que la vertu dirige toutes les affections de ſon cœur, & tous les mouvements de ſon corps ; ſon ame affranchie du vice, & ſans remords, goûte les délices de la paix intérieure, & ſon corps offre l'image de la plus parfaite honnêteté.

La vertu qui procure ces avantages eſt l'effet de l'amour conſtant de ſa volonté pour le bien, & de ſon averſion pour le mal. Ainſi le ſage doit regarder comme la choſe la plus importante de s'affermir de plus en plus dans l'amour du vrai bien, & dans l'averſion pour le vrai mal.

Le ſeptieme chapitre explique ces paroles de Confucius :

« Celui qui eſt parvenu à la droi-
« ture du cœur, peut régler ſes
« mœurs & ſa conduite. »

Par ces paroles Confucius entend que, lorſque la colere, la crainte, la joie ou la triſteſse, impoſent ſilence à la raiſon, & dominent dans le cœur, il ne peut être dans la véritable droiture.

On ne peut s'affranchir absolument de ces passions, ajoute le commentateur, mais on peut les régler; elles ne dérangent donc point la droiture du cœur, si, après en avoir fait un usage légitime, on les éteint, on les arrête : c'est ainsi que les objets se peignent dans le miroir, sans en ternir l'éclat.

Mais si on ne donne pas aux passions l'objet qu'elles doivent avoir, si elles n'ont pas de bornes, ou si elles se combattent, le cœur ne peut conserver sa droiture, comme le miroir perd son éclat & ne peut représenter les objets, s'il est couvert de poussiere & de boue;

ainſi, pour que le cœur acquiere ou recouvre ſa droiture naturelle, il faut qu'il ſoit exempt des paſſions qui ôtent le jugement ou qui troublent la paix intérieure.

Lorſque le cœur donne entrée aux paſſions tumultueuſes, & qu'il ne sait pas domter leur fougue, elles l'emportent au-dehors, & tout eſt en déſordre dans l'organiſation du corps humain; les ſens ne font plus leurs fonctions, ou ils les font mal; l'œil regarde, & ne voit pas; l'oreille eſt frappée par la voix, & elle ne l'entend pas; la bouche reçoit les aliments, & n'en diſcerne pas les saveurs, parceque ces ſens

& leurs fonctions sont soumis à l'empire du cœur.

Le huitieme chapitre explique comment on peut établir l'ordre & la paix dans sa maison, lorsque l'on a réglé ses mœurs.

Confucius dit : Lorsqu'un homme a bien réglé ses mœurs & sa conduite, il peut établir dans sa maison le bel ordre de la discipline & de la paix.

Cela signifie que le pere de famille est le fondement de la paix & de toute l'harmonie domestique; qu'il doit se comporter selon les regles de la droiture, & non selon les suggestions d'un sentiment aveugle.

Ce sont cependant ces ſentiments aveugles, & non la raiſon, qui aujourd'hui décident & reglent l'amour ou la haine, le reſpect ou le mépris, la commiſération ou l'indifférence de preſque tout le monde; on aime & l'on hait, on loue & l'on blâme avant que l'on ſe ſoit aſsuré, par un examen raiſonnable, ſi la choſe eſt véritablement bonne ou mauvaiſe, eſtimable ou mépriſable; voilà pourquoi preſque perſonne ne connoît les défauts de celui qu'il aime, & les bonnes qualités de celui qu'il hait.

On a conſigné cette vérité dans le proverbe qui dit: « le pere ne

« connoît ni les défauts de ſon fils,
« ni la richeſse de ſa récolte: » l'avarice l'aveugle ſur l'une, & la tendreſse ſur l'autre.

Le neuvieme chapitre explique ces paroles de Confucius:

« Pour bien gouverner un royau-
« me, il faut auparavant faire ré-
« gner dans ſa maiſon, l'ordre, la
« paix & la concorde. »

Ces paroles veulent dire que l'ordre & la bonne diſcipline domeſtique, fruits des mœurs & de la conduite du pere de famille, eſt le fondement le plus ſolide d'un bon gouvernement. Un pere de famille qui ne peut former ſa maiſon par ſa conduite & par ſon exemple, pourra-t-il inſtruire & former un royaume?

Un prince ſage regarde donc comme ſon premier devoir de mettre dans ſa maiſon le meilleur ordre poſſible; alors, ſans ſortir de ſon palais, il établit dans tout ſon royaume le plus bel ordre & la plus parfaite harmonie, parceque le royaume n'eſt qu'une grande famille, & que le palais du ſouverain eſt dans le royaume ce que le pere de famille eſt dans ſa maiſon : les ſujets doivent au ſouverain l'obéiſſance, la ſoumiſſion & l'amour que le fils doit à ſon pere; aux magiſtrats & aux ſupérieurs le reſpect que les freres cadets doivent à leurs aînés : & le ſouverain doit régner ſur ſes ſujets, comme le pere regne ſur ſa famille.

Ven-vam, inſtruiſant ſon jeune frere dans l'art de régner, lui diſoit : Ayez pour votre peuple la tendreſſe, les soins, ſa ſollicitude d'une mere pour l'enfant qu'elle vient de mettre au monde ; elle veille ſans ceſse pour le préſerver de tout danger ; elle prévient tous ſes beſoins ; elle ne lui refuſe que ce qu'elle ne pourroit lui accorder ſans lui nuire ; & , ſi elle ne lui donne pas tout ce qu'il veut, elle lui procure au moins tout le bonheur dont il eſt capable.

La tendreſse maternelle n'eſt pas

un ſentiment donné par l'éducation, ou acquis par l'étude & par la réflexion ; la femme le reçoit des mains de la nature même, avec l'exiſtence ; il ſe développe, & devient la plus puiſsante de ſes affections, auſſitôt qu'elle eſt mere.

Le reſpect du fils pour ſes parents, la déférence du jeune frere pour ſon aîné, sont auſſi des ſentiments imprimés par la nature même dans notre ame, & que les loix qu'elle a établies pour la perpétuité du genre humain développent néceſsairement.

Ainſi, par l'ordre & par les loix de la nature, l'exemple d'un prince ſage qui prend tous les ſentiments d'un pere de famille, établit l'ordre dans ſon palais, & l'exemple de ſon palais l'établit dans tout le royaume.

Les hommes naiſsent avec tant de facilité pour prendre ces ſentiments, qu'une famille où l'on voit un amour réciproque entre les freres peut reſsuſciter & féconder le germe de cet amour & de cette déférence dans le cœur de tous les parents, de tous les enfants & de tous les freres.

Mais, ſi la conduite d'un prince eſt déréglée, s'il s'abandonne au vice, s'il eſt avare, injuſte, ou diſsolu, il peut lui ſeul faire paſser dans tous les cœurs le poiſon de l'avarice, de l'injuſtice, de la diſsolution, & allumer dans tout ſon empire le feu de la diſcorde & de la guerre.

Ces deux effets ſi contraires n'ont qu'une ſeule & même cauſe, l'exemple ; & c'eſt ce que les anciens exprimoient en diſant : « Un mot peut « tout perdre, un homme peut tout « ſauver. »

Les ſages empereurs Y-a-o & Chun n'eurent pas plutôt témoigné aux peuples l'amour paternel qu'ils avoient pour eux, que les peuples eurent pour ces princes la tendreſse d'un fils pour ſon pere, & imiterent leurs vertus.

Au contraire, Kié & Tcheou, livrés aux plus horribles excès, injuſtes & cruels, communiquerent leurs vices; & le déſordre cauſé par leurs vices & par ceux de leurs imitateurs les renverſa du trône.

C'eſt en vain qu'un prince cruel veut inſpirer la bienfaiſance; un prince qui défend ce qu'il ſe permet n'eſt pas obéi.

Ainſi, lorſqu'un prince ſage veut porter ſes ſujets à quelque vertu, il faut qu'il s'examine, & qu'il voie s'il la poſsede; alors il peut la preſcrire, & en faire une obligation pour ſes peuples: s'il veut proſcrire un vice, il faut qu'il voie s'il en eſt exempt; alors il peut le condamner: il peut tout attendre de l'obéissance de ses sujets, lorsqu'il commandera ce qu'il pratique, & qu'il défendra ce qu'il se refuse.

On n'a point vu le peuple ni résister à l'exemple de ses rois, ni le démentir; & c'est pour cela que Confucius dit que la bonne administration du royaume dépend du bon ordre qui regne dans la maison; & le bon ordre de la maison, des mœurs du pere de famille.

Le poëte qui dans le Chi-king célebre les louanges de Ven-vam, dit « qu'il a fait régner la paix & « l'ordre dans toutes les familles,

« par le charme doux & puiſsant de « l'exemple.

« Voyez ces jeunes pêchers cou« ronnés de fleurs & de verdure; « ils font l'honneur & l'agrément « du printemps : telle une jeune « fiancée, ornée par la ſageſse, em« bellie par la décence & par la mo« deſtie, ſemble conduire la pudeur « & l'honnêteté dans la maiſon de « ſon époux. »

Il en eſt de même du prince qui établit l'ordre & la regle dans ſa maiſon : l'impreſſion douce & touchante de ſon exemple inſpire le deſir de lui reſsembler ; chacun s'efforce de l'imiter, & l'ordre ſe rétablit dans toutes les familles.

Dans le même Chi-king, le poëte, en louant un roi, s'exprime ainsi: « O que la vertu de ce héros offroit « un spectacle ravissant! quelle dé- « cence, quelle honnêteté dans sa « maison! quel amour on y voit « dans le frere aîné pour son cadet! « quelle déférence dans le cadet « pour son aîné! »

Un prince qui établit ainsi l'honnêteté dans sa maison, & qui la regle si bien que le frere aîné aime son cadet & que le cadet honore son aîné, peut faire naître les mêmes sentiments dans toutes les familles, & leur inspirer le desir de l'imiter.

Enfin voici comment un poëte célebre la vertu d'un autre ſage :

« Publiez & annoncez dans tous « les lieux les louanges de cet hom- « me illuſtre : ſa conſtante honnê- « teté, ſa douceur inaltérable, ſon « affabilité qui ne s'eſt jamais dé- « mentie, peuvent diriger les qua- « tre parties de l'empire, & offrir « à tous les ſujets un modele de « conduite & de mœurs. »

Faites donc en ſorte que le prince devienne un modele de tendreſse paternelle, de piété filiale, d'amour & de bienveillance pour ſes cadets, de déférence & d'égards pour ſes aînés ; bientôt les peuples l'imiteront ; &, dans chaque famille, le pere aimera ſes enfants, chérira ſes parents, honorera ſes freres, & s'empreſsera de leur être utile : c'eſt ainſi qu'un prince, en réglant bien ſa maiſon, fait régner l'ordre dans tous ſes états, quoiqu'il ne paroiſse occupé que de ſes devoirs domeſtiques.

Tout ce qui a été dit dans les textes précédents prouve que la bonne adminiſtration du royaume dépend du bon ordre qui regne dans le palais du prince.

Le dixieme chapitre explique comment, en gouvernant bien ſon royaume, on communique à tout l'empire l'ordre, la paix, & l'harmonie que l'on a établie dans ſon royaume. Ce dixieme chapitre a pour texte ces paroles de Confucius :

« Un roi qui gouverne bien ſon « état, peut ranimer dans tout l'em- « pire l'amour de la vertu, y établir « l'ordre, & y faire régner la paix. »

Cette maxime de Confucius apprend qu'un prince ſage n'a pas de regle plus sûre que lui-même, que ſon eſprit & ſon cœur.

Si, fidele aux devoirs de l'inférieur pour ſes ſupérieurs, il rend à ſon pere & à ſa mere ce qu'il leur doit, auſſitôt tous les peuples rempliront ces devoirs.

Si, connoiſsant le reſpect dû aux anciens, il honore comme il le doit ſes freres aînés, auſſitôt tous les peuples rendront à leurs freres aînés l'honneur qui leur eſt dû.

Si, inſtruit de la commiſération & de la ſenſibilité que l'on doit aux orphelins & aux pupilles, il l'a pour ceux que ſa maiſon renferme, il n'y aura pas un de ſes ſujets qui n'ait les mêmes ſentiments pour ces infortunés.

Lorſqu'une fois il aura fécondé dans ſon royaume le germe de toutes ces inclinations, il les fera facilement fleurir dans tout l'empire, parceque tous les hommes ſe reſſemblent, ont le même eſprit, & naiſsent avec le même cœur. L'artiſte a un modele ſur lequel il meſure les dimenſions de l'ouvrage qu'il veut former; de même le prince doit avoir un modele ſur lequel il meſure les eſprits pour leur donner la droiture & la probité. Or ce modele eſt l'eſprit même du prince; & voici comment il doit s'en ſervir :

Prenez la forme que vous voulez donner aux autres : ne vous permettez jamais avec un inférieur ce qui vous déplaît dans un ſupérieur ; avec un ſupérieur, ce qui vous déplaît dans un inférieur;

avec celui qui vous précede, ce qui vous déplaît dans celui qui vous suit; avec celui qui vous suit, ce qui vous déplaît dans celui qui vous précede; avec celui qui eſt à votre droite, ce qui vous déplaît dans celui qui eſt à votre gauche; avec celui de votre gauche, ce qui vous déplaît dans celui qui eſt à votre droite: en un mot, mettez-vous à la place de tous ceux qui ont des rapports avec vous, pour connoître & pour prendre les ſentiments que vous leur devez.

Un prince qui ſuivroit ces principes, verroit bientôt l'ordre & la vertu régner dans ſon royaume &

ſe communiquer à tout l'empire.

Tel fut le prince célébré dans une ode du Chi-king, en ces termes : « Que tous les inſtruments « deſtinés à la célébration des fê- « tes publient les vertus de notre « prince, & faſsent retentir l'air de « ſes louanges, parcequ'il a pour « ſon peuple une tendreſse pater- « nelle ! »

Un prince qui a pour ſon peuple un cœur vraiment paternel, aime ce que ſon peuple aime, il hait ce que ſon peuple hait : or le prince qui prend ainſi les affections du peuple, poſsede véritablement l'art de meſurer ou de former les eſprits,

Rien au contraire n'eſt plus propre à mettre le trouble dans l'empire, que d'aigrir les eſprits ; une ode du Chi-king annonce ces malheurs à un empereur qui avoit un miniſtre iſsu de l'illuſtre famille d'Y-n, mais dont l'orgueil & les vices irritoient tous les eſprits.

« Voyez les montagnes du midi, « elles élevent leur cime juſques « dans les nues ; les rochers dont « elles sont hériſsées, les précipices « dont elles sont coupées, portent « l'effroi dans le cœur du plus in- « trépide ſpectateur. Tel le ſuperbe « Y-n, élevé au premier miniſtere, « ſe fait voir dans toute l'étendue de

« l'empire. On ne l'apperçoit & l'on « ne pense à lui qu'en tremblant ; « toutes les bouches se taisent, mais « la rage & la fureur sont dans tous « les cœurs. »

On voit par ces paroles qu'un prince ne doit pas négliger de satisfaire les desirs & les vœux de son peuple, lorsqu'ils sont justes ; & que, s'il s'écarte de ces principes, il irritera les esprits : & son trône, appuyé sur une puissance absolue mais terrible, s'écroulera sous ses pieds.

Dans le Chi-king, le prince Chen-kum parle ainsi à l'empereur Chi-vam, son neveu :

« Tant que les premiers empe-
« reurs de la dynaſtie des Y-n ſui-
« virent les inſpirations de la droite
« raiſon, ils furent l'objet de la
« bienveillance des peuples ; ils é-
« toient, par leurs vertus, les ima-
« ges vivantes du maître du ciel :
« mais, lorſque leurs deſcendants
« négligerent de ſuivre la droite
« raiſon & la loi du ciel, ils devin-
« rent l'objet de la haine des peu-
« ples. Ce fut cette haine qui les
« dépouilla de l'empire, & qui le
« tranſporta dans notre famille.
« Ayez ſans ceſſe devant les yeux
« l'exemple terrible de la famille
« d'Y-n, & gardez-vous bien de

« croire qu'il ſoit facile de ſe con-
« former exactement & long-temps
« à cette grande & ſuprême loi qui
« éleve & qui renverſe les empi-
« res. »

Ce paſsage dit expreſsément, & prouve par l'hiſtoire, qu'un prince qui sait ſe concilier l'amour de ſes peuples, poſsede ſes états en paix & sûrement; mais qu'il en eſt dépouillé, s'il aliene leurs cœurs.

Un prince ſage doit donc faire ſon capital de rétablir la clarté primitive de la faculté raiſonnable, & de s'élever à la vraie vertu : car, lorſqu'il aura rétabli la clarté primitive de ſa faculté raiſonnable, &

acquis la vraie vertu, il s'attachera ſans peine tous les peuples ; ſi les peuples l'aiment, il jouira en paix & heureuſement de ſon royaume ; s'il établit la paix & la proſpérité dans ſon royaume, les richeſses y abonderont ; s'il eſt riche, il aura abondamment tout ce qui eſt néceſsaire pour l'entretien & pour la conſervation de ſon royaume.

La vertu eſt donc, en politique, le point le plus important & le plus néceſsaire ; c'eſt le principe & pour ainſi dire la racine du bon gouvernement : les richeſses ne sont qu'un objet ſecondaire, & comme les branches qui ſortent de cette racine.

Si un prince fait peu de cas de ce qui eſt fondamental & la ſource de tout bon gouvernement, & qu'au contraire il eſtime uniquement ou principalement ce qui n'eſt que ſecondaire, & pour ainſi dire une branche d'un bon gouvernement, la cupidité devient le caractere de ſon gouvernement; il l'allume dans le cœur de tous ſes ſujets; les excite à la diſcorde, aux procès; & les porte à l'injuſtice & au vol. Ainſi un prince qui veut amaſser des richeſses, aliene l'eſprit de ſes peuples, & ſeme entre eux des germes de diſcorde qui les rendent étrangers les uns aux autres, & à leur patrie.

Au contraire, s'il aime à répandre ſes richeſses, il ſe concilie l'amour des peuples, & ſe les attache: ainſi le prince avide, en amaſsant des richeſses, les perd; & le prince bienfaiſant les acquiert en les répandant.

Un homme qui outrage un autre, en reçoit un outrage; un prince qui a ravi les richeſses de ſes ſujets, eſt dépouillé par eux de ſes richeſſes.

On lit dans les annales de l'empire ces paroles de l'empereur Ven-vam à ſon jeune frere qui avoit un royaume: « Cette grande loi du « ciel, diſpenſatrice des royaumes,

« n'est pas toujours favorable ou « contraire à un seul. »

Cela signifie que les bons princes se rendent toujours cette loi favorable, & qu'elle est toujours contraire aux mauvais princes ; parce-que la vertu étant l'objet des premiers, leurs peuples les aiment & les défendent ; les derniers, au contraire, préférant les richesses à la vertu, sont abandonnés par les peuples.

Apprenez par deux exemples combien les anciens mettoient la vertu au-dessus des richesses.

Les annales du royaume de Tsou rapportent que le ministre Van-sunyn étant allé en ambaſsade dans le royaume de Kanſi, le premier miniſtre de ce royaume lui demanda ce qu'il y avoit de précieux dans le royaume de Tſou. Notre royaume, répondit l'ambaſsadeur, n'a point de productions riches & d'un grand prix; nous n'avons ni or, ni pierreries, ni ouvrages recherchés & rares, parceque nous n'eſtimons & ne regardons comme précieux, que les hommes vertueux.

Ven-kun étoit héritier du royaume de Kanſi; pour éviter les embûches que lui tendoit ſans ceſse ſa belle-mere, il ſortit pluſieurs fois du royaume; & enfin y étant rentré, il apprit que ſon pere venoit d'expirer. On lui conſeilla, on le preſſa de lever des troupes, & de ſe faire reconnoître ſouverain du royaume que le droit de ſa naiſſance lui donnoit.

Son oncle rejetta ces conſeils, en diſant : « Des hommes qui ſe « sont exilés volontairement com« me nous, attachent plus de prix à « la vertu & à la piété filiale, qu'aux « ſceptres & aux honneurs. »

En effet, dit le commentateur, ſi, lorſqu'il s'agit de pleurer la mort d'un pere, ſon fils leve des troupes, allume le feu de la guerre, & porte la déſolation dans les provinces, pour monter ſur le trône, quelle eſt ſa piété pour ſon pere, quelle eſt ſa douleur pour ſa perte, quel étoit ſon amour pour lui ?

On voit par-là combien les anciens héros préféroient la vertu aux richeſses.

Il faut donc qu'un prince ſage, pour ſe concilier le cœur de ſes peuples, s'applique à acquérir de la vertu ; & qu'il ne confere les charges, les dignités & les emplois, qu'à ceux dans leſquels il l'aura reconnue & éprouvée.

Mais pour qu'un roi ne donne les charges & les dignités qu'à des hommes vertueux, il faut qu'il ait un premier miniſtre fidele, attaché, ſincere & vertueux, qui diſcerne & qui propoſe au roi les perſonnes que leur vertu & leur capacité rendent dignes des charges & des dignités.

Tel étoit le miniſtre que Mong-kong ſe propoſoit de choiſir, après avoir été défait par Sing-kang, prince du pays de Tcin, auquel il avoit déclaré la guerre par le conſeil d'un jeune miniſtre, contre l'avis d'un ancien.

« Suppoſons, dit-il, un miniſtre « qui n'a pas de grands talents, « mais qui a le cœur droit & tran- « quille ; quand il voit des talents

« dans les autres, il les reconnoît, « il les emploie comme les ſiens pro- « pres; quand il voit des ſages, non « ſeulement il les loue, mais il les « aime, il les produit. Je penſe qu'un « tel miniſtre eſt d'une grande uti- « lité, & qu'il eſt très propre à choi- « ſir & à me propoſer des hommes « ſages & capables de remplir les « charges & les dignités, & qu'il « peut conſerver la paix à mes peu- « ples, & mon royaume à ma fa- « mille.

« Suppoſons, au contraire, un « miniſtre orgueilleux & vain, qui « voit de mauvais œil les talents des « autres, & qui en eſt jaloux; s'il

« voit des gens ſages, il ne peut « vivre avec eux, il ne penſe qu'à « traverſer leurs deſseins, & à les « éloigner des emplois : un tel mi- « niſtre me paroît très dangereux. « Certainement il ne choiſira & ne « me propoſera pas des hommes « capables & vertueux pour rem- « plir les charges. Il ne peut ſoute- « nir ni ma famille, ni mes états. Un « prince doit regarder comme le « plus grand des malheurs le choix « d'un ſemblable miniſtre. »

Vous voyez par ces exemples qu'il n'y a rien de plus important pour un prince, que de ſe choiſir des conſeillers & un premier ministre sage; & qu'il doit écarter des dignités & des emplois, avec le plus grand soin & la plus inflexible fermeté, ces petits hommes avantageux, sans vertu & sans principes, qui sont les pestes des états.

Il faut, pour écarter ces pestes des charges & des dignités, un prince d'une capacité & d'une vertu éminente : un prince doué de ces qualités ne se contente pas d'éloigner ces petits hommes des dignités, il les bannit de ses états & de l'empire, afin de garantir les honnêtes gens de la corruption & de la perversité que leur société communiqueroit : c'est ce que Confucius exprimoit en diſant « qu'il n'y a « que l'homme juſte & vertueux qui « sait bien aimer & bien haïr. »

Qu'un prince n'oublie & ne néglige donc rien pour attirer à lui & pour élever aux dignités des hommes ſages & vertueux : s'il connoît un homme vertueux & ſage, & qu'il ne l'éleve pas aux dignités, ou s'il ne l'y éleve que tard, on juge qu'il le mépriſe.

S'il connoît un méchant homme, & qu'il ne le déplace pas s'il eſt en charge, ou qu'il ne l'en déclare pas incapable ; s'il temporiſe pour le déplacer & pour lui interdire l'accès des dignités, on juge qu'il conſerve quelque eſtime ou quelque affection pour les méchants, & que ſes affections ont plus d'empire ſur ſon cœur que ſon devoir.

Ce que le peuple deſire ardemment, c'eſt de voir élever aux dignités les hommes ſages & vertueux, & d'en voir exclure les inſensés & les méchants.

Un prince qui éleve aux emplois & aux dignités les inſensés & les méchants, & qui en exclut les hommes ſages & vertueux, aime donc ce que le peuple hait, & hait ce que le peuple aime: c'eſt heurter de front les notions les plus ſimples & les plus claires de la droite raiſon, & les ſentiments de juſtice que la nature a gravés dans le cœur de l'homme. Le conflit de l'amour du ſouverain & de la haine du peuple accumule pour ainſi dire ſur le trône la colere, la fureur & la vengeance.

Ce que l'on a dit juſqu'ici prouve qu'il exiſte en effet ce grand art de bien vivre & de gouverner, par le moyen duquel un prince peut meſurer l'eſprit des peuples, obtenir leur bienveillance & leur amour, & rendre ſon empire tranquille & heureux. On eſt sûr d'acquérir ce grand art, lorſque l'on deſire ſincèrement de ſuivre ce que la droite raiſon dicte, & ce qu'elle grave dans le cœur de tous les hommes ; & on le perd aussitôt que la dissipation ou l'arrogance font négliger ou mépriser ces principes.

Un prince a besoin de richesses pour soutenir sa maison, & pour les dépenses de l'état. Cette partie de l'administration a aussi ses principes, & il est un art pour enrichir un souverain : cet art est simple, & renfermé dans les maximes suivantes.

Le souverain sera riche, si le nombre de ceux qui produisent les richesses est grand, & le nombre de ceux qui les consument petit; si ceux qui sont chargés de percevoir les revenus sont vigilants, & ceux qui les dispensent économes; si le souverain, en mettant cet ordre dans ses finances, se propose moins d'accumuler des trésors que d'enrichir son peuple par le retranchement des impôts, & par les secours qu'il procurera dans les calamités.

Un bon prince acquiert de la gloire par le mépris des richesses; un mauvais prince méprise la gloire pour acquérir des richesses: le mépris du premier pour les richesses remplit ses trésors, & la cupidité du second l'appauvrit.

Vous ne trouverez point de prince véritablement amateur de la bonté, dont le peuple ne ſoit amateur de l'équité, qui ne ſoit zélé pour les intérêts de ſon prince, & qui ne veille à la conſervation du tréſor du prince comme à ſa propre fortune.

La conſcience de ce prince ne lui reproche donc pas d'avoir dans ſon tréſor un ſou qui ne ſoit pas véritablement à lui.

Hien-mem, premier miniſtre du royaume de Lu, diſoit : « Un premier miniſtre à qui le ſouverain fournit ce qui eſt néceſſaire pour nourrir les quatre chevaux qui traînent ſon char, ne doit point s'appliquer à nourrir & à engraiſſer de

« la volaille ou des porcs, pour frus-
« trer le pauvre peuple de ce profit.

« Les familles des ministres &
« des officiers supérieurs qui se ser-
« vent de glace dans les repas que
« l'on donne pour les parents qui
« sont morts, ayant des appointe-
« ments & des revenus considéra-
« bles, ne doivent point nourrir
« chez eux des moutons & des bœufs
« au préjudice des bouviers & des
« pasteurs.

« Enfin les ministres qui com-
« mandent cent chars à l'armée, &
« ceux auxquels les tributs des peu-
« ples fournissent des appointe-
« ments considérables, ne doivent

« pas favoriſer & ſoutenir les exac-
« tions des receveurs particuliers,
« parcequ'un bon prince doit moins
« craindre un miniſtre frippon, mais
« qui cache ſon brigandage, que
« des exacteurs violents de ſes tri-
« buts. »

C'étoit ainſi que ce ſage miniſtre prouvoit que le véritable intérêt du prince n'eſt pas ſon utilité particuliere, mais l'équité publique.

Il y a cependant des princes qui cherchent bien plus leur utilité particuliere, que l'équité publique, & dont toute la politique ſe réduit à l'art d'imaginer & de lever des tributs, parcequ'ils sont conſeillés &

dirigés par une eſpece de petits hommes fins & frauduleux, qui leur perſuadent que la gloire & le bonheur conſiſtent dans l'éclat du faſte & dans de grands revenus pour le ſoutenir.

Un prince n'a point de plus dangereux ennemis que ces petits hommes : ſi jamais il leur donne ſa confiance, s'il les emploie dans le gouvernement, ils mettront toute leur ſagacité & feront conſiſter leur gloire à inventer des tributs, à donner une apparence de régularité à leurs exactions, à groſſir les revenus du fiſc; ils aigriront l'eſprit des peuples, & l'on verra deſcendre du ciel & ſortir de la terre des calamités & des maux innombrables & irrémédiables.

On trouvera ſans doute encore dans l'empire des hommes de bien, des ſages qui aimeront la vertu & le bien du royaume : mais que peuvent leurs efforts & leur ſageſse pour le ſalut public ? pourront-ils remédier à tant de maux, ou même y trouver du remede ?

Voilà pourquoi l'on dit que l'utilité du prince eſt inséparable de l'équité publique, & qu'il ne doit regarder comme utile pour ſes intérêts que ce qui eſt conforme aux loix de l'équité publique.

LE JUSTE MILIEU,

OU

LE MILIEU IMMUABLE.

LE JUSTE MILIEU,

OU

LE MILIEU IMMUABLE.

LA loi du ciel eſt la nature même; & la direction ou le penchant de la nature eſt la regle sûre de la conduite : cette regle eſt le principe de l'ordre dans la vie, parcequ'elle renferme tous les préceptes pour les mœurs.

Notre cœur ne peut donc s'écarter un inſtant de cette regle ſans s'égarer & ſans ſortir de ſes devoirs; car s'il pouvoit s'écarter de cette regle ſans s'égarer & ſans ſortir de l'ordre de ſa deſtination, elle ne ſeroit plus la regle que l'homme doit ſuivre pour remplir ſes devoirs & ſa deſtination.

Voilà pourquoi le cœur du ſage veille ſans ceſſe pour ne point s'écarter de cette regle : il ne porte pas ſon attention ſeulement ſur les objets ſenſibles dont il eſt environné, pour les éviter ou pour s'en approcher; il examine ſoigneuſement ce que l'œil ne voit point; il eſt en garde contre ce que l'oreille n'entend point.

Ce ſont ces premiers & ſubtils mouvements qui s'élevent dans la profondeur du cœur, qui le portent au bien ou au mal : inconnus & imperceptibles aux autres, ils sont cependant très ſenſibles pour celui qui les éprouve; & c'eſt de ces mouvements que l'on dit qu'il n'y a rien de ſi viſible que ce qui eſt caché, & rien de ſi ſenſible que ce qui eſt ſubtil. Le ſage qui sait que ſon honnêteté ou ſa bonté dépendent de ces premiers mouvements, veille ſans ceſſe ſur ſon cœur pour empêcher que les premieres commotions de la cupidité, ſecretes & preſque imperceptibles à leur naiſſance, ne ſe fortifient par des progrès inſenſibles & ne l'entraînent enfin hors de la regle qu'il doit ſuivre.

Mais quelles sont donc ces commotions & ces paſſions de l'ame ? quelle eſt leur force ? quels sont leurs effets ? & comment les domter ou les gouverner ?

Le voici :

Avant que l'amour, la haine, la joie, la triſteſse & les autres paſſions s'élevent, & qu'elles éclatent, l'ame eſt dans un état de calme & d'équilibre : on appelle cet état le juſte milieu, ou le milieu de la droite raiſon. Lorſqu'elles s'élevent & font ſortir l'ame de ſon état de calme & d'équilibre, ſi elles ſe renferment dans les bornes d'une juſte modération, cet état s'appelle l'accord parfait de la paſſion avec la raiſon : cette eſpece de milieu eſt l'état naturel, ou la nature de l'être raiſonnable.

Il faut que l'homme, pour ſe bien conduire, ſe conſtitue dans cet état, & qu'il ne ſe permette aucune action qu'après s'être bien aſsuré qu'il eſt dans ce milieu. Cette regle eſt générale pour tous les hommes, puiſque tous ont en partage la nature raiſonnable.

Si dans l'état de calme & d'inaction l'homme peut conſerver la droiture du milieu tranquille, &, dans l'état d'action ou d'agitation, la concorde entre la raiſon & les paſſions, alors l'ordre & l'harmonie regne dans toutes ſes facultés & dans toutes ſes affections; il agit, il eſt en mouvement ſans ſortir de la place qu'il doit occuper. C'eſt ainſi que, dans le ciel & ſur la terre, tout eſt en mouvement; & cependant chaque choſe eſt dans la place qu'elle doit occuper : c'eſt ainſi que tous les corps ſe forment & croiſsent par des mouvements harmoniques, mais dans le ſilence & dans la paix.

Le ſage, diſoit Confucius, tient en toutes choſes le juſte milieu de la vertu; l'inſensé s'en éloigne.

Le ſage veille ſur tous les mouvements de ſon cœur; il connoît toutes ſes affections, il sait le degré de force qu'elles doivent avoir, & le but où elles doivent tendre : ainſi lorſqu'il faut agir, il peut ſuivre la route du juſte milieu & de l'équité que preſcrit la droite raiſon.

L'inſensé, au contraire, ne rentre jamais en lui-même, il ne veille point ſur les mouvements ſecrets de ſon cœur : ainſi lorſqu'il faut agir, il franchit toutes les bornes de l'honnêteté & du milieu immuable ; il n'y a point alors d'excès auquel il ne s'abandonne.

Confucius diſoit : Ceux-là sont parfaitement dans le milieu immuable, qui n'ont à ſe reprocher ni le moindre excès, ni le moindre défaut. Mais que le nombre en eſt petit dans ces temps de corruption !

Mais pourquoi le chemin du juſte milieu où il eſt ſi facile d'entrer eſt-il ſi peu fréquenté ?

J'en sais très bien la raiſon : les ſavants & les philoſophes, ou ceux qui s'eſtiment tels, vont au-delà, parcequ'ils ne le croient pas aſsez élevé pour eux ; & les ignorants ne tentent pas même d'y entrer, parcequ'ils le croient impraticable pour eux.

D'ailleurs quoiqu'il ſoit très facile de le comprendre, cependant très peu de perſonnes le connoiſsent bien, & j'en sais encore la raiſon : ceux qui ſe piquent de ſagacité prétendent s'élever à de bien plus hautes idées ; & les hommes ſimples & ignorants ne ſe croyant pas capables de l'entendre, ne font aucun effort pour le connoître. Ainſi quoique cette regle ſe préſente pour ainſi dire à tout le monde, quoiqu'il n'y ait pas d'inſtant dans le jour où elle ne ſoit d'uſage, cependant on ne trouve preſque perſonne qui tourne ſes regards vers elle, & qui réfléchiſse ſur cette regle, lors même qu'il la suit.

Ainſi tous les hommes boivent & mangent tous les jours, & cependant on en trouveroit à peine qui connoiſsent aſsez bien la saveur de chaque aliment & de chaque boiſſon pour la diſcerner par le goût ſeul.

Voilà pourquoi l'on ne trouve preſque perſonne qui marche conſtamment dans le juſte milieu.

Mais, me direz-vous, continue Confucius, qui sont donc ceux qui ont connu la route du juſte milieu, & qui l'ont ſuivie conſtamment ?

Jettez les yeux ſur Chun, & dites-moi s'il eſt poſſible de mieux connoître le juſte milieu, ou de le ſuivre plus conſtamment. Dans toutes les affaires il aimoit à conſulter, &

n'écoutoit pas ſeulement les conſeils ſubtils ou les diſcours profonds, mais encore les maximes triviales & les raiſonnements communs : il couvroit du voile du ſilence ce qu'il appercevoit de défectueux dans les conſeils, & louoit hautement ce qu'il y voyoit de bon.

Mais comme les conſeils qui nous paroiſsent les meilleurs peuvent pécher un peu par excès ou par défaut, après avoir écouté avec toute l'attention dont il étoit capable les raiſons opposées, il les examinoit enſuite lui-même, les peſoit mûrement, & réduiſoit tout au juſte milieu, & régloit, d'après ce jugement, toutes les opérations du gouvernement.

Examinez les annales, & voyez si ce n'est pas ainsi qu'il a gouverné l'empire, & qu'il est devenu l'admiration & le modele de tous les siecles.

Que les hommes sont éloignés aujourd'hui de cette profonde intelligence & de cette sublime prudence !

Si vous essayez de leur expliquer comment on distingue l'utile du nuisible, le vrai gain de la vraie perte, chacun vous répond aussitôt : Croyez-vous que je ne le sache pas ? Soyez sûr que je ne manque ni de ſagacité, ni de connoiſsances, ni de prudence.

Cependant, ſemblables aux oiſeaux qui ſe jettent dans les filets, & aux bêtes fauves qui tombent dans les foſses que l'on a creusées ſur leurs paſsages, vous les voyez pourſuivre une fauſse apparence de gain, courir à leur perte, & ſe précipiter dans le malheur & dans la miſere : il n'y en a pas un qui puiſse éviter ſa ruine, lorſqu'elle ſe préſente enveloppée de l'appât trompeur du gain.

Il en eſt de même du juſte milieu. Si vous voulez leur en expliquer la nature, chacun répond : J'ai aſsez de ſagacité, d'intelligence &

de prudence pour le connoître & pour le ſuivre. Cependant ils ont à peine ébauché l'étude du juſte milieu, & réſolu de le ſuivre, qu'ils retombent auſſitôt dans tous leurs vices : on ne les a pas vus perſévérer un mois dans leurs réſolutions.

Quelle différence entre ces hommes légers, aveugles, préſomptueux, & mon diſciple Hoéi-tsée ! il cherchoit en toutes choſes, & avec toute l'attention poſſible, le juſte milieu; & lorſqu'il l'avoit trouvé ſur un objet, il s'y attachoit, le serroit pour ainſi dire entre ſes bras, & en pénétroit ſon cœur pour ne jamais l'oublier ni s'en écarter.

Il n'eſt pas rare de voir des hommes qui mépriſent les richeſses, refuſent les dignités, & bravent la mort : mais, hélas! qu'il eſt difficile d'en trouver qui sachent diſtinguer exactement le juſte milieu de la vertu, & le ſuivre conſtamment!

Tſu-lu, qui eſtimoit beaucoup la valeur guerriere, perſuadé que c'étoit le défaut de courage & de force dans l'ame qui rendoit ſi rares les ſectateurs du juſte milieu, demandoit à Confucius ce que c'étoit que le courage ou la force de l'ame.

Il faut ſavoir, répondit Confucius, de quelle force vous entendez parler : ſi c'eſt de la force des peuples du midi, de celle des peuples du nord, ou enfin de celle des disciples & des amateurs de la ſageſse; car ce sont trois différentes eſpeces de force ou de courage dont l'eſsence & le caractere sont abſolument différents.

Les peuples du midi font conſiſter la force dans une bienveillance conſtante pour tous les hommes, dans une douce & infatigable persévérance à les inſtruire, dans une molle patience qui fait ſupporter & pardonner les injures, les outrages les plus injuſtes & les plus graves. A tous ces égards, les peuples du midi ſurpaſsent de beaucoup tous les autres ; & comme cette douceur, cette longanimité, cette patience tient à la droite raiſon, & qu'elle paroît en avoir le caractere, on a cru que cette contrée étoit la patrie des ſages.

Il eſt cependant vrai, ajoute le commentateur, que cette eſpece de force dépend du tempérament doux & foible de cette nation ; qu'elle peche par défaut, & n'a par conséquent pas la force à laquelle doivent aſpirer les éleves de la ſageſse.

Les peuples du nord font conſiſter la force à dormir auſſi agréablement ſur leur cuiraſse que ſur le duvet, à être tranquilles & comme dans leur état naturel au milieu des combats, des lances & des épées, à ne s'émouvoir d'aucun danger, & à mourir ſans triſteſse & ſans regret.

Sur tous ces points les peuples du nord ſurpaſsent de beaucoup les peuples du midi.

Comme les hommes forts & robuſtes eſtiment beaucoup plus les mouvements impétueux & violents qui naiſsent de la chaleur & de l'effervescence du ſang, que la marche douce & tranquille de la droite raiſon & de l'équité, on a cru que le nord étoit le pays natal des héros.

Cependant comme cette force

ou ce courage a ſa cauſe dans le tempérament fort & vigoureux de cette nation, & que par conséquent elle peche par excès, ce n'eſt point le courage des diſciples de la ſageſse.

Ainſi le ſage ne fait point conſiſter la force à vaincre les autres, mais à ſe vaincre lui-même.

Vivre dans une ſociété perverſe, & cependant entretenir l'harmonie dans toutes ſes affections, ſans être jamais écarté du juſte milieu par le torrent de la corruption; ſe tenir conſtamment dans ce milieu lorſqu'on eſt ſeul ou dans un royaume bien gouverné; avoir une modeſtie

& des mœurs à l'épreuve des honneurs & des louanges, conſerver ſa vertu, & mourir plutôt que d'y renoncer, dans un royaume où regne la confuſion & le déſordre; voilà les quatre caracteres qui conſtituent la vraie force, & celle à laquelle doit tendre le diſciple de la ſageſse.

Il y a des perſonnes qui, abandonnant le juſte milieu, font conſiſter la force & le courage de l'eſprit dans un vice opposé; ils travaillent avec une ardeur infatigable & incroyable pour découvrir des choſes abſtruſes, ou pour faire des actions éclatantes, acquérir une vaine célébrité; & il ſe trouve en effet des gens à qui cette fauſse apparence de vertu en impoſe : on les loue, & leur nom paſse par ce moyen à la poſtérité. Cependant comme ils veulent faire & ſavoir ce que la loi du juſte milieu ne preſcrit ni de faire ni de ſavoir, je ne veux les imiter ni dans leurs recherches ni dans leurs actions, car ils pechent par excès.

Si après avoir connu le juſte milieu & l'avoir ſuivi, on s'arrête dans ſa courſe, on peche par défaut, & je ne peux ni l'approuver ni l'imiter.

Ainſi le vrai ſage eſt celui qui suit conſtamment le milieu immuable, & qui ne s'arrête ni ne recule, lors même qu'ayant renoncé au ſiecle, il voit qu'il n'eſt déja plus connu de perſonne : mais il n'appartient qu'à l'homme d'une ſcience & d'une vertu conſommée de s'élever à ce degré de perfection : & qui suis-je pour y aſpirer ?

La ſcience du juſte milieu que suit le ſage, immenſe par l'étendue de ſon objet, eſt cependant très ſimple en elle-même : tout le monde peut en faire uſage ; perſonne n'en peut sonder la profondeur, parce-qu'elle renferme à la fois les regles des actions les plus communes de la conduite journaliere, & les ſecrets les plus cachés de la nature & de la raiſon infuſe.

Ainſi quoique les hommes ſimples, ignorants, & même les femmes les plus bornées, puiſsent, avec la ſeule faculté intellectuelle qu'ils reçoivent de la nature, connoître la doctrine du juſte milieu dans tout ce qui a rapport aux actions ordinaires, & à leur conduite dans tous les jours de leur vie, cependant le génie le plus pénétrant & le plus étendu n'en peut connoître tout le détail ni embraſser tout l'enſemble.

Il en eſt de la pratique de la doctrine du juſte milieu comme de ſa connoiſsance : les hommes dégénérés & pareſseux, les femmes frivoles & indolentes, peuvent par leur activité naturelle, ou par la ſeule faculté de vouloir dont la nature les a doués, ſuivre & obſerver en quelque sorte ce qu'elle preſcrit pour la conduite journaliere : mais l'homme de la plus ſublime vertu ne peut remplir parfaitement tout ce qu'elle preſcrit : le ciel & la terre mêmes, malgré leur perfection, ne peuvent pas ſuivre la loi du juſte milieu aſsez invariablement aux yeux des hommes pour prévenir leurs plaintes & leurs murmures.

Voilà pourquoi le ſage, pour donner une idée de la vaſte grandeur du milieu immuable, dit, le monde ne peut la contenir ; & pour en faire concevoir la ſubtilité & l'unité, il dit que le monde ne peut la diviſer.

Pour exprimer l'étendue de la doctrine du milieu immuable, comment elle eſt la loi de toutes les intelligences, comment ſa lumiere éclaire l'univers, & comment tous les êtres raiſonnables du monde entier peuvent la connoître & ſuivre ce qu'elle preſcrit à chacun dans ſon état, un poëte a dit :

« Il n'y a rien de plus élevé que « le ciel, ni de plus profond que « l'abîme; cependant le milan s'é- « leve juſqu'à la hauteur du ciel, « & le poiſſon plonge juſqu'au fond « des mers. »

Oui, la doctrine du juste milieu que le sage suit descend jusqu'aux détails de la vie privée du petit peuple; & ce principe si simple, qui éclaire & dirige les plus basses conditions, se répand sur toute la terre, s'éleve jusqu'au ciel, l'éclaire de ses rayons, & remplit le monde de son éclat. La doctrine du juste milieu est la lumiere & la regle de tous les êtres.

Cette connoissance si sublime n'est donc pas éloignée des hommes, puisqu'elle consiste dans la regle des actions ordinaires de la vie humaine que tous les hommes peuvent facilement connoître & pratiquer. On prétendroit donc inutilement ſuivre le juſte milieu, ſi, négligeant ces devoirs communs & faciles, on ne viſe qu'à l'extraordinaire, à des opinions & à des mœurs différentes des opinions & des mœurs des autres hommes.

Le Chi-king dit : « Lorſque le « bûcheron, tenant ſa cognée par « le manche, taille le bois pour en « former un autre manche, il n'a « pas beſoin d'aller chercher au loin « un modele, car il le tient dans ſa « main. »

Le manche que le bûcheron tient à ſa main, diſoit Confucius, eſt différent du bois qu'il coupe & dont il veut faire un autre manche; il faut qu'il fixe souvent ses yeux sur le modele, & qu'il les porte ensuite sur le bois qu'il façonne : ainsi ce modele qui paroît si près de lui en est encore éloigné.

Le sage qui veut former des hommes est bien plus près de son modele, il le trouve dans l'homme même qu'il veut former; la nature a tracé & gravé dans chaque homme tous les traits du caractere qu'il doit avoir : en sorte que le sage, pour diriger, former & perfectionner les hommes, n'a pas besoin de jetter les yeux sur un modele étranger; la forme que l'homme doit avoir, la regle qu'il doit ſuivre eſt dans l'homme même ; elle y eſt tracée très diſtinctement ; en sorte que le ſage, pour former des hommes, n'a beſoin que de retrancher ce qui la couvre & la défigure.

Celui qui connoît bien les beſoins, les inclinations, les penchants qu'il a reçus de la nature, peut, par conséquent, juger des autres par lui-même, & n'eſt pas loin du juſte milieu.

Mais comment s'aſsurer que l'on suit la loi que la nature preſcrit à nos beſoins, à nos inclinations, à nos penchants, & que l'on juge les autres comme soi-même ?

Le voici dans une ſeule phraſe : « Ne faites point aux autres ce que « vous ne voudriez pas que l'on « vous fît. »

C'eſt ſur cette regle que le ſage doit ſe juger, par rapport aux quatre grands devoirs communs à tous les hommes : & lorsque je m'examine, je trouve que je n'en ai encore rempli aucun fidèlement ; je ne rends point à mon pere tout ce que j'exige de mon fils, à mon aîné ce que j'exige de mon cadet, à mon prince ce que j'exige de ceux qui me sont ſubordonnés ou ſoumis ; enfin je n'ai point encore eu pour mes amis la délicateſse & la fidélité que j'exigeois d'eux.

Cependant comme ces quatre devoirs sont le principe de l'harmonie politique & le fondement de toute ſociété humaine, je ne me rebute pas, & je m'efforce chaque jour de les remplir, & de me corriger de quelqu'une de mes négligences, ou de mes infractions.

On appelle *vertus journalieres & communes* l'accompliſsement de ces devoirs ; & leur expreſſion, *maximes ou diſcours communs & journaliers.*

On ne peut s'aſsurer que l'on a ces vertus qu'autant qu'on les manifeſte par ſa conduite, & que les actions en portent l'empreinte ; &

celui qui en veut parler convenablement doit les méditer, & mettre beauçoup de diſcrétion & de diſcernement dans ce qu'il en dit.

Comme on peche ordinairement plus par défaut que par excès lorſqu'il faut agir, & plus par excès que par défaut lorſqu'il faut parler, je redouble d'attention pour ne pas être en défaut dans les actions où l'on peut pécher par défaut; & lorſqu'il faut parler ſur les choſes où l'on peut, en parlant, pécher par excès, je me garde bien de dire tout ce qui ſe préſente à mon eſprit, & tout ce qui me vient à la bouche.

S'il eſt un homme qui agiſse &

qui parle avec cette circonſpection, dont les diſcours ſur les quatre devoirs ſoient toujours vrais, & les actions toujours conformes à ſes diſcours, en sorte qu'il n'y ait jamais de fauſseté dans ce qu'il dit, ni de contradiction ou de diſcordance entre ſes actions & ſes paroles, cet homme n'eſt-il pas un vrai ſage, & le modele que doivent ſe propoſer ceux qui aſpirent à la ſageſse ?

Le ſage n'eſt occupé que de ſon devoir, & n'aſpire qu'à le remplir : il tâche d'être ce qu'il doit être, & rien de plus.

S'il eſt comblé d'honneurs & de richeſses, il n'omettra rien de ce que la décence exige dans l'homme riche & revêtu d'honneurs : pauvre & dans l'abjection, il ne se permettra rien qui ne convienne à un homme pauvre & obscur : exilé chez les nations barbares, il fera ce qu'un exilé doit faire : tombé dans la misere, il fera ce qu'il convient qu'un misérable fasse : enfin il n'y a point de condition, d'état ou de lieu dans lequel il ne soit ce qu'il doit être, toujours semblable à lui-même, & toujours possédant son ame.

Élevé aux dignités, il est avec ses inférieurs sans arrogance & sans hauteur ; placé dans les conditions inférieures, on ne le voit point briguer & capter la faveur des ſupérieurs; veillant uniquement ſur lui-même pour régler ſes mœurs ſur ſes devoirs & ſur ſon état, il ne penſe point à ſe faire des patrons & des protecteurs pour obtenir des graces ou des places : voilà pourquoi il n'éprouve ni les tranſports de la colere, ni le tourment de l'envie.

Il ne murmure point contre le ciel s'il n'exauce pas ſes vœux, & ne ſe plaint point des hommes s'ils lui refuſent la bienveillance qu'il deſire.

Ainſi dans toutes les conditions le ſage eſt tranquille & calme, parcequ'il ſe voit toujours sous la direction de la Providence & dans la place qu'elle lui a marquée.

L'inſensé, au contraire, toujours inquiet & agité, s'embarraſse dans mille intrigues, & s'expoſe à mille dangers, parcequ'il veut toujours s'élever au-deſsus de ſa condition; le ſage eſt toujours ſur le rivage, & l'inſensé toujours au milieu des flots.

Voulez-vous un emblême fidele du ſage? jettez les yeux ſur le dardeur; s'il ne frappe pas le but, il ne s'en prend point aux autres, mais à lui ſeul: le ſage n'impute qu'à lui-même, & non aux autres, ſes fautes, & même ſes malheurs.

Le ſage qui entre dans la longue & ſublime voie du milieu immuable eſt ſemblable au voyageur qui, pour arriver au royaume le plus éloigné, va d'abord au lieu qui eſt plus près de lui; ou à l'homme qui, pour arriver au ſommet d'une montagne fort élevée, part du lieu le plus bas.

Une ode du Chi-king dit :

« Lorſque par les ſoins & par la « ſageſse d'un pere de famille ſon « épouſe aime la concorde & la paix « comme un joueur d'inſtruments « aime la ſymphonie; que les freres « aînés & les cadets ſont unis par « un mutuel amour, comme s'ils

« n'avoient qu'un cœur & un eſprit ;
« ſa maiſon n'offre-t-elle pas un
« magnifique ſpectacle ? n'éprouve-
« t-on pas une ſatisfaction vive &
« touchante en conſidérant ſa fem-
« me , ſes enfants , ſes domeſti-
« ques ? »

Confucius diſoit : Quel eſt le pere & la mere qui, en voyant l'union de ces époux & l'amour de leurs enfants, n'eſt pas tranſporté de joie, & ne goûte pas la plus douce & la plus touchante ſatisfaction du cœur ?

L'exemple de ce pere de famille qui, par la paix qu'il établit entre lui & ſon épouſe, par l'amour mutuel qu'il inſpire à ſes enfants, arrive au comble du bonheur, prouve qu'en partant du lieu qui eſt le plus près de nous, on peut arriver au plus éloigné, c'eſt-à-dire s'élever, par degrés, de l'accompliſsement des plus ſimples devoirs juſqu'à la plus ſublime vertu.

Certainement, diſoit Confucius, la vertu, la puiſsance & la nature de l'eſprit qui produit & qui détruit eſt grande & admirable ; vous le voyez dans ſes effets, & votre œil ne peut l'appercevoir ; vous l'entendez, & il ne frappe point votre oreille ; il pénetre tous les êtres de maniere qu'ils n'en peuvent être ſéparés. Voilà pourquoi lorſque les hommes lui offrent des prieres & des ſacrifices, ils pratiquent différentes eſpeces d'abſtinences, ſe purifient, ſe revêtent de beaux habits, ſuppoſant qu'il eſt ſur leur tête, à droite & à gauche, devant & derriere eux, & qu'il remplit toute l'étendue des airs.

Une ode du Chi-king dit :

« Quelle que ſoit votre ferveur « & votre vénération, vous ne pou« vez cependant préſumer ou juger « ſi votre hommage eſt reçu ; ceux « qui l'offrent nonchalamment & « avec irrévérence ont bien moins « de raiſon d'eſpérer qu'il ſoit a« gréé. »

On voit par-là que l'eſprit inviſible & inſenſible par ſa nature peut cependant ſe manifeſter en faiſant éclater pour ainſi dire les rayons de ſa puiſſance dans les effets qu'il produit ; & tout inviſible qu'il eſt, il ne peut cependant ſe cacher, parce-qu'il exiſte & qu'il manifeſte ſa puiſſance par les effets qu'elle produit.

C'eſt ainſi, dit le commentateur, que Confucius prouve que la doctrine du juſte milieu peut être ſubtile & ſenſible, impénétrable, & cependant lumineuſe.

Confucius diſoit : Lorſque je penſe au très illuſtre empereur Chun, je ne vois perſonne qui ait porté plus loin que lui la piété filiale : lorſque je conſidere ſa vertu, je la trouve parfaite, & c'eſt ainſi qu'il fait la gloire de ſes parents. Son élévation à l'empire anoblit ſes parents : en devenant riche, & en poſsédant les tréſors de l'empire, il les fit jouir d'une grande abondance : fallut-il leur rendre les devoirs funebres, il s'en acquitta avec tout l'appareil de la magnificence impériale, & aſsura la perpétuité des honneurs qu'il leur rendoit par les ſalles magnifiques qu'il conſacra pour cet uſage : quant à ſes deſcendants, il leur donna le titre de roi, & des royaumes héréditaires.

Ainſi la piété filiale eſt le principe de l'élévation de Chun à l'empire, de ſes richeſses, de ſa gloire, & du bonheur ſingulier dont il jouit pendant ſa vie.

C'eſt ainſi, ajoute le commentateur, que le ciel récompenſe ordinairement la vertu. Le ciel agit toujours ſelon des loix générales, conſtantes, uniformes; la diverſité des effets vient de la différence des ſujets: un arbre qui a une bonne tige & des racines fermes & profondes, s'accroît par la rosée, par la pluie, par la chaleur; tandis qu'un arbre foible & qui n'a que de mauvaiſes racines, eſt écrasé par la neige ou renversé par le vent.

Une ode du Chi-king, en parlant des fondateurs de la famille impériale de Chun, dit :

« Célébrons dignement & avec
« transport notre très excellent prin-
« ce : lorsqu'il n'étoit encore que
« particulier, sa sublime vertu ga-
« gna le cœur des peuples & des
« magistrats, par le succès avec le-
« quel il excitoit les uns & les autres
« à bien gouverner : ce fut ainsi
« qu'il mérita que le ciel l'élevât à
« l'empire. Lorsqu'il y fut élevé, il
« mérita la protection, les secours
« & les faveurs du ciel, & en fut
« comblé jusqu'à la mort. »

Cet exemple fait voir qu'un

homme doué d'une vertu ſublime eſt tellement chéri du ciel, qu'il peut mériter d'en recevoir l'empire.

Le même Confucius, en parlant des ſages princes de la famille de Chun, diſoit : Depuis la fondation de l'empire, tous les empereurs ont eu des peines & des chagrins ; le ſeul empereur Vu-vam en a été exempt, parcequ'il eut pour pere le ſage Vam-ki, & pour fils l'illuſtre Ven-vam.

Vam-ki jetta les fondements de la grandeur de ſa famille : ce que ſon aïeul avoit commencé, & ce que ſon pere avoit fort avancé, Vu-vam l'acheva avec une grandeur d'ame & un courage extraordinaire, en détruiſant la tyrannie de l'empereur Cheu. Ses ſuccès lui mériterent l'empire. N'étant que vaſsal, il déclara la guerre à ſon empereur, ſans que la grande & belle réputation dont il jouiſsoit dans tout l'empire en reçût la moindre atteinte.

Il n'eut pas plutôt défait l'armée de Cheu, que tous les rois qui l'avoient ſuivi dans ſon expédition, de concert avec tous les peuples, le proclamerent empereur par acclamation, & l'éleverent au plus haut degré de grandeur où l'homme puiſſe parvenir; car il fut revêtu de la dignité impériale, poſséda toutes les richeſses de l'empire, procura à ſes ancêtres le titre d'empereurs & les honneurs qui lui sont attachés, leur en aſsura la jouiſsance par des édifices conſacrés à cet objet, & mit dans ſa famille l'empire qu'elle poſséda pendant trente générations

Comme Vu-vam ne fut élevé à l'empire que ſur la fin de ſa vie, & que ſon pere n'avoit point été empereur, ces deux princes ne purent ſatisfaire pleinement le deſir qu'ils avoient de rendre à leurs ancêtres les honneurs que leur devoit la piété filiale : le prince Chu-kum, vicaire de l'empire, s'acquitta de ce devoir, & remplit leurs intentions, en remontant juſqu'au fondateur de leur maiſon.

Après avoir ainſi rempli les devoirs de la piété filiale envers ſes parents, il fixa les rites des honneurs dus aux parents pour toutes les conditions, par ce réglement :

Si un pere eſt premier miniſtre, & que ſon fils ne ſoit que docteur, on lui fait les obſeques d'un premier miniſtre, & le fils ne lui rend que les honneurs que l'on rend à un docteur. Au contraire, ſi le pere n'étoit que docteur, & que le fils fût premier miniſtre, on ne feroit les obſeques du pere que comme celles d'un docteur ; mais il recevroit les honneurs que l'on rend au premier miniſtre dans les cérémonies pour honorer les parents morts.

Il régla de plus que les miniſtres, les lettrés & les plébéiens porteroient les habits de deuil pendant un an, mais que les rois en seroient diſpensés. Quant au deuil de trois ans, les rois & les empereurs même y sont aſtreints comme les moindres Chinois, parcequ'on ne prend ce deuil que pour le pere & pour la mere, & que les empereurs leur ont les mêmes obligations que les plébéiens.

Confucius diſoit : L'exemple de la fidélité de Vu-vam & de Chu-kum à remplir leurs devoirs envers leurs parents morts, & les rites qu'ils ont prefcrits, n'ont-ils pas pénétré jufqu'aux extrémités de l'empire ? Tous les peuples de l'empire n'ont-ils pas admiré & fuivi leur exemple ?

Ils ne bornerent pas le culte de leurs parents à ces cérémonies ; ils fe firent un devoir facré de remplir toutes leurs intentions, de fuivre tous leurs defseins, de finir tout ce qu'ils avoient commencé.

Quant aux rites qu'ils fuivirent & qu'ils prefcrivirent pour honorer leurs parents morts, les voici.

Tous les ans, au printemps & à l'automne, ils faifoient préparer &

orner de bonne heure la ſalle conſacrée au culte de leurs ancêtres morts : alors on y expoſoit les vaſes antiques les plus précieux ; on apportoit les habits & les veſtes des morts, dont on revêtoit un domeſtique, auquel on préſentoit les mets des quatre ſaiſons de l'année.

Lorſqu'on rendoit ce culte au fondateur d'une famille impériale, on avoit soin que les enfants, les petits-enfants, & tous les parents, ainſi que les princes & les miniſtres qui s'y rendoient, fuſsent chacun à leur place, à droite & à gauche : on ſuivoit dans cette diſpoſition l'ordre des dignités, l'ordre des offices, l'ordre du repas, & l'ordre des cheveux.

Par l'ordre des dignités, on distinguoit le supérieur de l'inférieur.

L'ordre des offices distinguoit les savants de ceux qui ne l'étoient pas, ou qui l'étoient moins.

L'ordre des repas étoit celui que l'on observoit dans les repas que la famille donnoit après les cérémonies, & dans lesquels on se plaçoit, non selon les dignités & les offices, mais selon l'âge ; de maniere que les plus jeunes servoient les plus âgés, afin de les former à la modestie.

Enfin, l'ordre de la chevelure

noire & blanche étoit celui que l'on obſervoit dans les repas que les parents de la même famille prenoient enſemble après que les étrangers étoïent partis. On ſe plaçoit alors, non ſelon les emplois, mais ſelon l'âge, afin d'apprendre aux différents âges les degrés de la ſubordination naturelle.

Ces princes regarderent comme une partie des honneurs funebres dus à leurs ancêtres, de ne pas s'écarter de leur décence & de leur conduite; ils ſuivirent ſcrupuleuſement les mêmes rites, chanterent leur muſique, honorerent ceux qu'ils avoient honorés, aimerent ceux qu'ils avoient aimés, en un mot, reſpecterent leurs ancêtres morts, & déférerent à leurs volontés, comme s'ils euſsent été vivants, ce qui eſt la perfection de la piété filiale.

Ils n'étoient pas moins exacts aux cérémonies que l'on obſerve pour honorer le ſouverain maître du ciel & de la terre, & à ce qui ſe pratique tous les ans ou tous les cinq ans dans les ſalles des ancêtres morts, pour les honorer.

Or celui qui comprendra bien l'eſprit de tous ces rites, qui en ſentira l'honnêteté & l'équité, verra les principes du bon gouvernement aussi clairement qu'il voit la main ouverte.

N-gay-kum, roi de Lu, demanda un jour à Confucius quels étoient les principes de l'art de gouverner.

Ces principes, répondit le sage, existent dans les tables de bambou sur lesquelles on a gravé l'ordre établi par Ven-vam & par Vu-vam. Tous ces principes reprendront leur force & leur éclat aussitôt qu'il se trouvera des princes & des ministres semblables à ces princes & à leurs ministres : tant qu'il n'y en aura pas, cet art doit être censé perdu, ou même impossible.

Semblable à une terre fertile qui

ſe hâte de produire & de porter ſes productions à la maturité, l'homme vertueux, lorſqu'il eſt conſtitué en dignité, s'empreſſe d'établir ou d'inſpirer le deſir d'établir un bon gouvernement; & s'il peut réuſſir, il en voit bientôt les heureux effets: car un bon gouvernement s'étend & ſe perfectionne avec autant de célérité que le jonc & le roſeau croît & s'éleve.

Ainſi pour qu'un prince puiſſe rétablir le gouvernement de Ven-vam & de Vu-vam, il faut qu'il choiſiſſe des miniſtres ſages: pour bien choiſir ſes miniſtres, il faut qu'il regle ſes mœurs & ſa conduite.

L'ordre & la regle dans les mœurs & dans la vie consiste à remplir avec fidélité tous les devoirs qui naissent des cinq rapports essentiels que la nature & la société mettent entre tous les hommes; & l'accomplissement de ces devoirs consiste dans la droiture naturelle du cœur, & dans l'amour que la nature nous inspire pour les hommes.

C'est cet amour pour ses semblables qui constitue l'homme; c'est par ce sentiment, par cet amour, qu'on est véritablement homme. Il embrasse tous les hommes; mais ce n'est pas un instinct aveugle qui se porte indistinctement & également vers tous les hommes : dans l'ordre de la nature, l'équité & l'honnêteté dirigent & reglent ses mouvements & sa force ; les parents en sont le premier objet, &, après eux, les sages. Entre les parents, les peres sont les plus aimés & les plus honorés : il en est ainsi des sages, on doit plus d'amour & plus de respect aux plus sages ; & cette diversité d'amour & de respect est fondée sur la raison & sur l'équité, qui n'appartiennent pas moins à la nature de l'homme, que l'amour pour ses semblables.

Ainsi un prince doit, avant tout, s'occuper à régler ses mœurs & sa conduite : s'il veut bien régler ſes mœurs & ſa conduite, il faut qu'il rempliſse exactement tous les devoirs de la piété filiale ; s'il veut remplir les devoirs de la piété filiale, il faut qu'il ſoit en commerce avec les ſages qui lui feront connoître l'équité, la vérité, l'honnêteté, & les autres vertus néceſsaires pour remplir les devoirs de la piété filiale. Enfin il ne peut diſtinguer & connoître les ſages, ſans connoître le ciel.

Cinq relations principales entre les hommes font le fondement de tous leurs devoirs, & la regle de la vie commune : trois vertus facilitent l'accomplissement de ces devoirs.

Les cinq relations sont celles de prince & de sujet, de pere & de fils, de mari & de femme, des freres aînés & des cadets, des amis avec leurs amis : voilà les cinq relations essentielles qui sont entre tous les hommes sur toute la surface du globe.

Les trois vertus nécessaires pour remplir les devoirs qui naissent de ces cinq relations, sont la prudence, l'amour universel & la force, qui, quoique différentes, naissent cependant du même principe, & tendent à la même fin.

Quoique la connoissance & la

pratique de ces vertus ſoient quelquefois fort différentes, ſoit par la maniere dont on acquiert cette connoiſsance, ſoit par la maniere dont on les pratique, cependant cette connoiſsance eſt la même dans ceux qui l'ont appriſe, comme les effets sont les mêmes, de quelque maniere qu'on les pratique.

Il y a des perſonnes qui ſemblent nées avec ces connoiſsances, tant elles les acquierent facilement: d'autres ont beſoin de travailler; d'autres enfin n'y parviennent qu'après un long & pénible travail. Cependant ils n'acquierent que la même connoiſsance, quoique les uns y ſoient arrivés un peu plutôt, & les autres un peu plus tard.

Il en eſt de même de la pratique de ces vertus : il y en a qui, en les pratiquant, ne ſemblent qu'obéir à un heureux naturel ; d'autres s'y portent avec ardeur & avec affection, parceque la raiſon leur en prouve la néceſſité ; d'autres enfin, d'une conception plus lente, ſemblent ſe faire violence en pratiquant ces vertus. Cependant tous ont pratiqué les mêmes vertus, quelque facilité ou quelque difficulté qu'ils aient eue à les pratiquer.

Confucius diſoit : Celui qui deſire d'apprendre s'approche de la prudence; celui qui s'efforce d'agir avance vers l'amour univerſel; celui qui sait rougir marche vers la force.

Celui qui connoît bien les regles de la prudence, de l'amour univerſel & de la force, a toute la ſcience néceſsaire pour bien régler ſes mœurs & ſa conduite, sait tout ce qui eſt néceſsaire pour le gouvernement d'un homme: celui qui sait ce qu'il faut ſavoir pour gouverner un homme, sait tout ce qui eſt néceſsaire pour gouverner un empire; car l'art de gouverner un ſeul homme eſt l'art de gouverner tous les hommes.

L'art de gouverner ſe réduit aux neuf regles ſuivantes, dont la connoiſsance eſt néceſsaire à tous les ſouverains.

1°. Régler ſes mœurs & ſa conduite.

2°. Honorer les ſages & les aimer.

3°. Aimer ſes parents.

4°. Avoir de la conſidération pour les miniſtres principaux.

5°. Regarder les autres miniſtres inférieurs comme soi-même.

6°. Aimer tous les peuples comme ſes enfants.

7°. Engager les ouvriers & les artiſans à s'établir dans ſon royaume.

8°. Avoir de la bienveillance & de l'honnêteté pour les étrangers & pour les ambaſsadeurs.

9°. Contenir dans le devoir les rois & les princes ſeudataires.

Lorſqu'un empereur regle bien ſes mœurs & ſa conduite, il donne un exemple éclatant & vénérable, que tout le monde s'efforce de ſuivre : lorſqu'il eſtime & conſidere les ſages, il s'éclaire avec eux, & ne s'égare ni dans ſa conduite particuliere, ni dans l'adminiſtration : lorſqu'il aime tendrement ſes parents, tous ſes parents conſpirent pour faire fleurir ſon empire : lorſqu'il traite bien les premiers miniſtres de l'empire, s'il s'éleve des affaires importantes, s'il arrive des circonſtances difficiles, il trouve dans leur prudence, dans leur crédit, dans leur zele, tous les ſecours néceſſaires pour prendre le meilleur parti, & pour exécuter ſes projets.

Lorſqu'il sait ſe proportionner, &, pour ainſi dire, s'accommoder aux officiers des grades inférieurs, tous font les derniers efforts pour lui témoigner, par leur zele & par leur fidélité, la gratitude dont ils sont pénétrés pour ſa bienveillance & pour ſon affabilité.

Lorſqu'il a soin des peuples comme de ſes propres enfants, tous les peuples, tranſportés de joie, l'aiment & le réverent comme leur pere.

Lorſqu'il attire dans ſon empire les ouvriers habiles dans les différents arts, il procure à ſes états l'abondance des choſes néceſsaires à la vie.

Lorſqu'il reçoit avec amitié & traite avec généroſité les étrangers & les envoyés des princes, la réputation de ſa vertu ſe répand dans les quatre parties du monde; & l'on veut ou vivre sous ſon empire, ou s'attacher à ſon ſervice, & apprendre dans ſa cour à devenir vertueux.

Lorſqu'il aime les rois & les princes feudataires, & qu'il les porte pour ainſi dire dans ſon ſein, en les contenant néanmoins dans le devoir, il eſt formidable à toute la terre.

Pour bien régler ſes mœurs & ſa conduite, il faut ſe réſoudre à beaucoup de privations extérieures & intérieures; il faut être propre, avoir des habits modeſtes & graves, & ne ſe permettre rien de malhonnête, ni même de malséant.

Pour attirer les ſages & ſe les attacher, il faut écarter avec soin ces petits hommes qui n'excellent que dans l'art de calomnier & de détracter, de ramper & de flatter; il faut être inaccessible à la volupté, sous quelques charmes qu'elle se présente, mépriser les richesses, & avoir pour la vertu la plus profonde estime.

Pour qu'un prince unisse ses parents par un amour mutuel, il faut révérer leur dignité, augmenter leurs revenus, aimer ce qu'ils aiment, & haïr ce qu'ils haïssent.

Pour avoir des premiers ministres exacts & expéditifs, il faut beaucoup de ministres subalternes auxquels ils puissent confier toutes les affaires qui ne sont pas de grande importance.

Pour donner à tous les officiers

ſubalternes du zele & de la ferveur, il faut leur témoigner de la confiance, les traiter cordialement & avec franchiſe, & leur donner des honoraires conſidérables.

Pour être aimé & révéré des peuples, il faut n'impoſer que des tributs légers, & n'exiger les corvées que dans les temps les plus commodes, & pendant leſquels la terre ne demande pas leurs soins.

Pour rendre les ouvriers actifs & diligents, il faut faire examiner leurs ouvrages tous les mois, & accorder à titre de récompenſe plus de riz & de viande aux plus diligents & aux plus laborieux, & moins de l'un & de l'autre à ceux qui le sont moins.

Pour ſe concilier l'amour & l'eſtime des étrangers & des envoyés des princes, il faut les recevoir honorablement & avec bonté, leur fournir au moment de leur arrivée toutes les choſes dont ils ont beſoin, & lorſqu'ils s'en retournent, leur donner l'étendard de l'honneur, par le moyen duquel ils puiſsent traverſer l'empire ſans être inquiétés ni chagrinés par les gardes, ſoit dans le trajet des fleuves, ſoit à la ſortie de l'empire.

Si parmi ces étrangers il s'en trouve d'une vertu diſtinguée, ou d'un talent éminent, il faut que le prince leur marque une estime particuliere, & qu'il traite avec bonté tous ceux qui n'ont point de talent, sans exiger d'eux rien contre leur gré.

Enfin pour contenir dans leur devoir les rois & les princes tributaires, il faut maintenir l'ordre de la succession dans les familles, conserver les royaumes & les provinces aux enfants de ceux mêmes qui, s'étant soulevés, auroient perdu leur royaume & la vie dans la guerre; il faut prévenir dans tous ces états les révoltes, ou les calmer; les protéger & les défendre s'ils sont attaqués, & apprendre aux princes l'art de gouverner. Il faut ensuite exiger leurs hommages exactement dans les temps prescrits, que tous les ans ils envoient à la cour impériale un ministre du second ordre, tous les trois ans un ministre du premier ordre, & que tous les cinq ans ils viennent en personnes rendre leur hommage & apporter leur tribut. Enfin il faut que, lorsqu'ils sont admis pour rendre hommage, ils n'offrent que de petits présents, & n'apportent que de modiques tributs; mais qu'ils ne quittent la cour que comblés des témoignages d'affection, de bienveillance & de générosité de l'empereur.

Ces neuf grandes regles renferment tout l'art de régner; elles sont communes à tous les ſouverains du monde: & il n'y a pour tous qu'un ſeul & même moyen de les obſerver; c'eſt de les méditer, d'être dans la ferme réſolution de les ſuivre, & de ne jamais ſe déterminer ſans s'être aſsuré par la réflexion que le parti que l'on prend leur eſt conforme. Alors on eſt ferme dans ſes déterminations, & conſtant dans leur exécution; vrai dans ſes jugements, ſincere dans ſes affections, juſte & loyal dans ſes actions.

Par ce moyen on a la vérité du cœur & de l'action: vérité des effets dans le cœur, vérité des effets dans la conduite; en sorte qu'il n'y a, ni dans le cœur ni dans la conduite, ni faufseté, ni diffimulation, ni aftuce.

La néceffité de confulter & de fuivre la vérité ne fe borne pas à l'obfervation de ces neuf regles, & s'étend à tout. Tout ce qui a la vérité pour bafe & pour principe réuffit & fubfifte; & tout ce qui n'eft ni dirigé ni foutenu par elle, échoue ou s'écroule.

Un homme, par exemple, qui veut parler, ne s'égare point s'il ne parle qu'après avoir confulté la vérité. Celui qui veut exécuter un projet ne rencontrera point de difficulté dans ſon exécution, s'il le forme d'après les maximes de la vérité.

Si quelqu'un veut s'élever à la vertu, & qu'il prenne la vérité pour guide, il ne fera point de faux pas & ne bronchera pas dans ſa marche.

Si celui qui veut remonter aux principes des ſciences & les approfondir, suit dans ſes recherches la route que la vérité trace à ceux qui veulent s'éclairer, il ne manquera jamais de pénétration & de ſagacité.

En effet, il y a une vérité ſpéculative & une vérité pratique; une qui nous fait connoître la vertu, l'autre qui nous la fait pratiquer :

celle-là doit précéder, celle-ci doit ſuivre; l'une & l'autre doit être l'objet de l'homme pendant toute ſa vie, le principe & la regle de toutes ſes actions, s'il veut ſuivre le milieu immuable de la droite raiſon.

Un miniſtre inférieur, par exemple, quelque zele qu'il ait, ne peut bien gouverner, s'il n'a pas la confiance de ſes ſupérieurs. Mais il y a un moyen sûr pour obtenir cette confiance; c'eſt de remplir fidèlement les devoirs de l'amitié : & il y a un moyen sûr pour remplir les devoirs de l'amitié; c'eſt de remplir les devoirs de la piété filiale : il y a pareillement un moyen sûr pour remplir les devoirs de la piété filiale; c'eſt de régler ſes mœurs & ſa conduite ſur la vérité : or il y a un moyen sûr pour régler ſes mœurs & ſa conduite ſur la vérité; c'eſt la connoiſſance du vrai bien. Ainſi tout ſe rapporte à la vérité, comme au premier principe.

Cette vérité eſt la voie du ciel, ou la droite raiſon avec laquelle le ciel fait naître l'homme, & qui doit régler ses mœurs : par elle, l'homme diſtingue ſans étude & ſans contention d'eſprit ce qui eſt honnête, & il le pratique sans répugnance & ſans effort. Il suit conſtamment de lui-même, & comme par l'impulſion de la nature, le juſte milieu de la droite raiſon: c'eſt le privilege de l'homme qui s'eſt élevé au plus haut degré de lumiere & de vertu, qui poſsede pleinement la vérité ſpéculative & la vérité pratique.

Celui qui aſpire à cette vérité ne diſcerne point ſans quelque difficulté ce qui eſt juſte ou honnête, & ne s'y porte point ſans effort & ſans peine : c'eſt l'état de l'homme qui aſpire à la perfection.

Pour y arriver, il faut qu'il apprenne beaucoup de choſes anciennes & modernes; que, ſur les choſes où il trouve de l'obſcurité, il conſulte les ſages, qu'il médite les queſtions qu'il leur fera, & les réponſes qu'il en recevra; qu'il les médite juſqu'à ce qu'il les comprenne; qu'après les avoir bien compriſes, il distingue clairement la vertu, du vice, & l'apparence, de la réalité.

S'il y a des perſonnes qui n'apprennent & ne font qu'avec difficulté ce qu'il faut ſavoir & pratiquer, il faut, lorsqu'ils ſe seront appliqués à la recherche de quelque vérité, qu'ils ne la quittent que quand ils la comprendront parfaitement. Mais ceci ne s'adresse point à ceux qui ne s'appliquent à rien, & auxquels je n'ai rien à dire ni à conseiller.

Si, en recherchant la vérité, il ſe préſente quelque raiſon de douter, il faut qu'ils l'examinent juſqu'à ce qu'ils aient trouvé la ſolution de leurs doutes.

Mais ceci ne s'adresse point à ceux qui n'examinent rien, et qui ne doutent de rien.

Lorſque l'on a trouvé la ſolution de ſes doutes, il faut encore les diſcuter, & ne paſser outre qu'après avoir approfondi la queſtion & épuiſé toutes les difficultés.

Mais ceci ne s'adreſse point à ceux qui ne diſcutent point.

Lorſque l'on a diſcuté ſuffiſamment ces vérités, il faut en distinguer les différents rapports, & ne cesser de s'en occuper que lorsque l'on connoîtra clairement leurs divisions.

Mais ceci ne s'adresse point à ceux qui ne distinguent rien.

Lorsque ceux qui se sont assurés de la vérité passent de la spéculation à l'action, ils ne doivent cesser d'agir qu'après avoir achevé ce qu'ils auront commencé.

Mais ceci ne s'adresse point à ceux qui ne font rien.

Enfin, il faut être déterminé à faire avec dix efforts ce que quelques uns font avec un seul, & en cent ce que quelques uns ne font que par le moyen de dix.

Quiconque entrera dans la pénible carriere de la perfection, avec cette constante & ferme résolution, est sûr de s'élever à la vérité, à la force & à la vertu, dans quelque degré d'ignorance & de foiblesse qu'il soit lorsqu'il fera le premier pas.

On dit que celui qui, par le moyen de la perfection & de la vérité, acquiert la connoissance des choses, reçoit cette connoissance de la nature; & que celui qui, par la connoissance des choses, s'éleve à la perfection, a une perfection acquise par le travail & par le secours de l'art.

Mais cette différence dans la maniere de parvenir à la perfection & à la vérité n'en met point dans la perfection & dans la vérité : car une vérité infuse & une connoissance acquise est une vérité, comme une perfection acquise ou reçue est une perfection.

Celui que la science & la vertu ont conduit à la perfection, est le seul qui puisse remplir exactement la destination de sa nature raisonnable ; affranchi de toute erreur, & libre de toute cupidité, il est vrai dans tous ses jugements, & honnête dans toutes ses actions.

Comme il sait qu'il n'est point d'une nature différente de celle des autres hommes, il s'efforce de les faire entrer dans le chemin de la perfection; & ses instructions, soutenues de son exemple, ne tardent pas à leur faire connoître & remplir la destination de leur nature raisonnable.

Son zele s'étend à tous les êtres vivants & sensibles; il invente des arts & des méthodes pour faire en sorte que chacun d'eux vive conformément à sa nature particuliere, & puisse remplir sa destination dans le grand systême du monde.

Par son zele & par son activité pour tenir ou remettre tous les êtres animés & vivants dans l'état conforme à leur nature, & propre à remplir leur destination, le sage devient comme le coopérateur du ciel & de la terre, dans ce qui a rapport à la production & à la perfection de ces êtres, & forme en quelque sorte un troisieme principe avec eux.

Mais comment l'homme qui connoît son imperfection, & qui aspire à l'état de l'homme parfait, peut-il s'y élever?

Il faut qu'il s'applique à suivre exactement tous les mouvements du cœur qui portent à une vertu particuliere, & qui en sont comme les branches ou comme les parties, de maniere qu'il remplisse fidèlement & scrupuleusement tout ce qui a rapport à la pratique de cette vertu. En suivant cette méthode, il remplira successivement & dans la plus parfaite exactitude tout ce qui concerne la piété, l'équité, l'honnêteté, la prudence : par ce moyen, il aura la vérité de toutes les vertus, parcequ'il en aura l'habitude, & qu'elles imprimeront leur caractere sur toutes ses actions. Alors sa vertu sera connue ; chaque jour en augmentera l'éclat ; bientôt elle répandra au loin ses rayons, éclairera les esprits, touchera les cœurs, y fécondera les germes des vertus, y détruira les principes du vice, rétablira l'honnêteté par-tout où elle pénétrera.

Mais il ne faut pas s'y tromper; cette révolution dans les mœurs des hommes n'eſt pas l'effet d'une vertu ordinaire: il n'appartient qu'à l'homme parfait de l'opérer.

Un autre avantage de l'homme parfait, c'eſt de découvrir les événements futurs par la perſpicacité de ſon eſprit, & d'en avoir pour ainſi dire la preſcience.

Souvent l'avenir eſt précédé par des choſes qui le préſagent & qui l'annoncent. Lors, par exemple, qu'un royaume doit s'élever à une grande puiſsance & à une grande gloire, des événements & des préſages heureux précedent & annoncent ſa haute deſtinée : au contraire, lorſqu'un royaume doit eſsuyer un grand déſaſtre, ſon malheur eſt annoncé par des ſignes ſiniſtres que l'on prétend trouver dans l'herbe chi ou dans la tortue, & que l'homme parfait découvre dans la bonté ou dans la méchanceté des adminiſtrateurs; de maniere que ſa prévoyance & ſa pénétration ſemblent l'égaler ou l'aſsocier aux eſprits.

C'eſt donc par la vérité que l'homme ſe perfectionne, comme

c'eſt par la fidélité à suivre la droite raiſon qu'il eſt ſage.

La vérité eſt le principe & la fin de toutes choſes : une choſe ceſse d'être ce qu'elle doit être, ou ce qu'on la croit, ſi elle n'eſt pas vraie, L'amour, l'obéiſsance, la fidélité, ne sont ni de l'amour, ni de l'obéiſſance, ni de la fidélité, ſi elles ne sont pas vraies : voilà pourquoi la vérité eſt la regle du prix que le ſage met aux choſes.

Le ſage ne ſe contente pas de ſe perfectionner, il perfectionne auſſi les autres.

Se perfectionner de maniere que l'on ne laiſse ſubſiſter en ſoi-même aucune mauvaiſe affection, c'eſt ce que l'on nomme l'amour parfait, ou la doiture abſolue du cœur.

Donner aux autres un degré de perfection qui les dirige conſtamment & sûrement ſelon les regles de l'honnêteté, c'eſt ce que l'on appelle la prudence.

L'homme reçoit ces deux vertus de la nature; & leur maniere d'agir au dedans ou au dehors eſt la même : ainſi celui qui les poſsede fait toujours bien ce qu'il fait, & suit toujours la vérité.

La parfaite vertu agit toujours, elle persévere long-temps, s'affermit, & jette de profondes racines dans le cœur : lorſqu'elle a persévéré & jetté de profondes racines dans le cœur, elle ſe manifeſte, elle ſe répand au loin, remplit toutes les parties du monde par ſon étendue, & pénetre dans tous les cœurs par ſa profondeur : c'eſt alors qu'elle eſt parvenue au plus haut degré de ſon entrepriſe, & que ſa perfection eſt dans ſa plus grande ſplendeur. Son étendue & ſa profondeur ſoutiennent tous ſes ouvrages, ſon élévation & ſa ſplendeur les éclairent, ſa perſévérance & ſa fermeté les conduiſent à la perfection.

Par ſon étendue & par ſa profondeur, elle eſt ſemblable à la terre, au ciel par ſon élévation & par ſa ſplendeur, à la durée du ciel & de la terre par ſa conſtance & par ſa ſtabilité.

La vertu ou la vérité produit ces admirables effets naturellement, sans effort, & même sans les prévoir.

L'étendue de ſa ſplendeur eſt comme une émanation naturelle de ſa beauté, & non l'effet des reſſources & des moyens qu'emploient l'orgueil, l'amour de la gloire, ou la manie de la célébrité.

Ce n'eſt point par les réprimandes & par les reproches que la ſplendeur de la vertu réforme les mœurs corrompues, c'eſt par les charmes

& par les attraits de ſa beauté; ce n'eſt point par un uſage pénible & laborieux de ſes forces que ſa conſtance conduit les choſes à leur perfection, mais en ſuivant le cours des événements ; de sorte que dans toutes les opérations elle suit les loix que le ciel & la terre ſuivent dans la production des êtres.

On peut en un ſeul mot exprimer la maniere d'agir du ciel & de la terre : *elle produit les êtres avec une ſouveraine vérité, ſans aucun mélange de fauſseté.*

Mais l'eſprit de l'homme ne peut la comprendre, parceque la maniere dont le ciel & la terre agiſsent eſt prodigieuſement étendue, profonde, élevée, éclatante & conſtante.

Si, par exemple, vous regardez le ciel avec une lunette, vous en voyez une très petite partie, & cependant ce que vous voyez s'appelle le ciel; mais ſi vous voulez le connoître tout entier, il vous paroîtra infini, incompréhenſible: vous voyez le ſoleil, les cinq planetes, une multitude innombrable d'étoiles ſuſpendues avec un ordre admirable dans ſon étendue immenſe, éclairées & mues, ou fixées par lui.

Si vous fixez vos regards ſur un

point de la terre, quelque petit qu'il ſoit, c'eſt pourtant la terre que vous voyez; mais ſi vous voulez connoître tout le globe, combien vous le trouverez vaſte & profond! C'eſt ſur lui qu'eſt appuyée la haute montagne de Hoa, & cependant il n'en eſt point affaiſsé. Vous voyez tous les fleuves ſe jetter dans la mer, ſans qu'elle franchiſse ſes bornes: la terre en ſoutient le poids ſans effort.

L'angle ſaillant d'une montagne, quelque petit qu'il ſoit, ſe nomme auſſi une montagne: mais qu'eſt-ce que cette montagne en comparaiſon de celles qui sont répandues ſur toute la ſurface du globe ? Combien elles sont multipliées, & d'une prodigieuſe étendue ! Elles produiſent des plantes & des arbres de toute eſpece, nourriſsent des quadrupedes & des oiſeaux de toute eſpece, & renferment des richeſses infinies.

Lorſque vous avez sous les yeux une écuelle d'eau, vous voyez de de l'eau, & une partie de l'eau que renferme le globe ; mais ſi vous paſsez à la connoiſsance de la maſse entiere de cet élément renfermé dans les abîmes de l'océan, combien vous le trouverez vaſte & profond ! Quelle multitude de poiſsons, grands & petits, y vivent & y nagent! Combien il renferme de tréſors, de richeſses & de marchandiſes!

Qui peut donc comprendre l'action du ciel & de la terre, ſi étendue, ſi profonde, ſi élevée & ſi continuelle?

Le poëte, dans les tranſports de ſon admiration, s'écrie: « Que les « voies de la providence sont impé- « nétrables! Jamais ſon action n'eſt « ni ſuſpendue ni interrompue; « c'eſt une vérité connue de tout « le monde. La vertu de Ven-vam « n'en fut-elle pas l'image? Ne « fut-elle pas pure, entiere & ſans

« le moindre mélange de fauſ-
« seté ? »

C'eſt-à-dire que Ven-vam ne devint un grand prince que parce-qu'imitant l'action du ciel, ou la conduite de la providence, jamais il n'interrompit ni ne ſuſpendit ſa marche vers la vérité.

O que les voies de la vertu & de la ſcience du ſaint ſont grandes & ſublimes ! Si vous la conſidérez d'une vue générale, vous la trouverez ſi vaſte, qu'elle remplit la terre, & influe ſur toutes ſes productions & ſur leurs accroiſſements; ſi élevée, qu'elle touche juſqu'au ciel, & ſemble participer à ſes opérations.

Si vous voulez la ſuivre dans les détails de ſes opérations, vous la trouverez ſi active & ſi féconde, qu'elle s'étend à toutes les actions de la vie humaine, & qu'elle les dirige toutes ſelon les trois cents regles de l'honnêteté, & conformément aux trois mille regles de l'urbanité, renfermées dans les livres des rits; en sorte qu'elle met dans toute ſa vie le plus bel ordre, & la plus belle harmonie dans toute ſa conduite.

Pour voir ſur la terre une vie

conforme à ce beau modele, il faut qu'il existe un homme qui possede la vraie science & la vraie vertu au plus haut degré; & c'est pour cela que l'on dit : « Il n'y aura d'observation parfaite de la souveraine loi, que lorsque la vertu parfaite existera. »

Pour l'acquérir, le sage cultive la faculté naturelle de la droite raison qu'il a reçue du ciel, & ne marche qu'à la lumiere de la science qu'il acquiert par la droite raison; il remplit la vaste capacité de son cœur de toutes les especes de sentiments d'équité; par le moyen de la science que cette faculté lui procure, il acquiert une profonde connoiſsance de la nature des choſes, de leurs propriétés les plus cachées, & de leurs rapports les plus déliés.

Par le moyen de cette connoiſsance, il bannit toutes cupidités vicieuſes, & ne permet pas qu'elles obſcurciſsent la clarté naturelle de ſon eſprit. Affranchi de toute cupidité vicieuſe, il entre dans la voie du juſte milieu; marchant dans la voie du juſte milieu, il s'exerce tous les jours dans la pratique des devoirs qu'il connoît, & en découvre tous les jours de nouveaux; éclairé & fortifié par cette connoiſsance, il suit exactement ce qu'il a commencé, & acquiert par cette conſtance de nouvelles forces, & la ferveur néceſsaire pour entreprendre & pour exécuter des actes de juſtice & de vertu qu'il n'avoit point encore tentés.

Voilà pourquoi, dans quelque état qu'il ſe trouve, il ne fait rien de contraire à la droite raiſon & à l'honnêteté ; élevé aux premieres dignités, ou placé dans les derniers rangs des conditions inférieures, il eſt également inacceſſible à l'inſolence & à l'abattement, à l'orgueil qui ſe complaît dans ſon élévation, & à l'ambition qui s'efforce de ſortir de l'obſcurité ou de s'élever.

Si la vertu fleurit dans le royaume qu'il habite, il parle, on l'écoute; & l'on n'a pas plutôt entendu ses discours, qu'il est élevé aux dignités.

Si, au contraire, le royaume qu'il habite est sans vertu & sans loix, il se tait; & son silence suffisant à sa sûreté, il s'occupe tout entier de lui-même & de sa perfection.

Le Chi-king, pour célébrer un sage ministre de l'empereur, dit: « Ce héros étoit doué de tant de sa-« gacité lorsqu'il falloit délibérer, « & de tant de prudence lorsqu'il « falloit agir, quil sut se conserver

« ſain & ſauf au milieu des périls. »

Les inſenſés, au contraire, sont ſans ceſse occupés à intriguer pour ſatisfaire leur cupidité vicieuſe, ne conſultant jamais la droite raiſon.

L'ignorant qui brigue les places ſans diſcernement, l'homme de néant qui oſe s'arroger follement une autorité ou des prérogatives qui ne lui appartiennent pas, les jeunes gens qui s'érigent en réformateurs, & qui veulent tumultueuſement rappeller les loix des ſiecles paſsés, s'expoſent à de grands dangers : leur perte n'eſt pas éloignée, dit Confucius.

L'empereur ſeul peut preſcrire

les rites & les établir par des loix, déterminer la figure & les dimensions des maisons, des chars, des habits, des vases, & fixer le sens des caracteres.

Dans tout l'empire, les chemins sont les mêmes qui ont été ordonnés par les anciens empereurs, aussi-bien que les caracteres des lettres & des loix des rites: jusqu'ici aucun empereur n'a osé les changer.

Que celui qui est empereur n'entreprenne de changer rien dans les rites & dans la musique, s'il n'a pas la vertu des sages; & que celui qui est sage se garde bien de vouloir changer rien dans les rites ou dans la musique, s'il n'est empereur.

Je loue & je regrette les loix de la dynastie des Hia, qui florissoient sous le regne de Yn; mais nous ne connoissons de cet empire que le petit royaume de Ki, qui ne conserve rien des annales de ses anciens empereurs, & où les familles des sages ministres sont éteintes. Ainsi je ne peux connoître avec certitude les rites & les loix établies sous cette dynastie, ni par conséquent les approuver & les suivre.

Je lis souvent & j'apprends les loix de la dynastie des Yn, florissantes sous l'empereur Chun-tam;

& quoique cette dynaſtie ſubſiſte encore dans le petit royaume de Sum qui conſerve les annales de ſes anciens empereurs, & où ſubſiſtent quelques familles des anciens ſages élevés au miniſtere, cependant comme ces loix & ces rites étoient adaptés à ces anciens temps, je ne peux les ſuivre & les obſerver.

Enfin je lis ſouvent & j'apprends les loix de la dynaſtie des Cheu, portées par les très ſages princes Ven-vam & Vu-vam; comme elles sont encore aujourd'hui gravées ſur des tables, tranſmiſes & enſeignées par les ſages, & généralement obſervées, je ne me contente pas de les apprendre & de les ſavoir, je les pratique & je m'y conforme.

Ainſi les peuples feront peu de fautes, ſi l'empereur veille avec une ſcrupuleuſe attention & une ſévere exactitude ſur trois points de la derniere importance; les loix des rites, les formes & la conſtruction des édifices, & les caracteres des lettres.

Mais trois choſes sont néceſsaires pour bien régler ces trois objets, & pour en rendre l'établiſsement durable; la dignité, la vertu, & le temps.

Il n'y a point de plus grande dignité que celle des anciens empereurs, & ils établirent de ſages loix. Cependant, comme l'éloignement des temps rend très difficile la preuve de l'authenticité des loix qu'on leur attribue, les peuples, faute de preuves qui les convainquent, n'ont point de foi à ces loix, & ne veulent pas les ſuivre.

Si un ſage propoſoit d'excellentes loix, & qu'il ne fût que particulier, les peuples douteroient de l'utilité de ſes loix, & refuſeroient de ſe ſoumettre aux changements qu'il propoſeroit.

Ainſi un empereur qui entreprend de fixer par des loix les rites, les figures des édifices & les caracteres des lettres, doit les ſuivre lui-même, s'il veut que le peuple les ſuive; il faut enſuite qu'il conforme ſon adminiſtration à celle des trois empereurs Hia, Chun & Cheu.

En ſuivant ces guides, il ne s'égarera pas : il faut qu'avant d'agir il conſulte la droite raiſon ; en ſuivant ſes déciſions, il ne fera rien qui ſoit répréhenſible.

Il faut qu'il mérite l'approbation de l'eſprit qui produit & qui détruit : ſoutenu de cette autorité, il ne sera ni incertain ni chancelant.

Enfin, il faut qu'il ſe conduiſe de

maniere qu'il puiſse eſpérer qu'un homme parvenu au plus haut degré de la vraie ſcience & de la vraie vertu, qui paroîtra après une longue suite de ſiecles, fera ce qu'il fait; alors il peut compter qu'il ne ſe trompera pas.

En effet, celui qui n'eſt ni chancelant ni incertain dans ſa conduite, parcequ'il a obtenu le témoignage de l'eſprit qui produit & qui détruit, celui-là, dis-je, connoît le ciel; & il connoît les hommes lorſqu'il ſe conduit de maniere qu'il peut eſpérer qu'un homme d'une ſcience & d'une vertu parfaite, qui paroîtra dans des temps très éloignés, ſe comportera comme lui.

Voilà comment les actions, les ordonnances, les paroles mêmes des ſages empereurs sont le modele, la regle, la loi de tous les ſiecles : voilà pourquoi les peuples voiſins le reſpectent, & les nations éloignées deſirent de vivre sous ſon empire.

Le Chi-king, en parlant du concours des princes pour les fêtes deſtinées à célébrer la mémoire des empereurs de la dynaſtie de Hia & de Kam, dit :

« Lorſqu'ils sont dans leurs royau-
« mes, ils n'éprouvent aucun ſen-
« timent d'averſion pour nos ancê-
« tres Ven-vam & Vu-vam. Lorſ-

« qu'ils sont ici pour aſſiſter au
« culte qu'on leur rend, ils ne s'ac-
« quittent point de ce devoir avec
« négligence, ils célebrent au con-
« traire leurs louanges depuis le
« matin juſqu'au ſoir. »

Parcourez les annales, & vous verrez que tous les empereurs qui ont ſuivi ces maximes ont été l'objet de l'amour, de l'admiration & des louanges de tout l'empire.

Pour offrir aux empereurs un modele parfait, Confucius, quoique fort éloigné du ſiecle d'Ya & de Chun, ne ceſsoit de raconter, de publier, de louer l'adminiſtration de ces princes; & beaucoup plus voiſin de Ven-vam & de Vu-vam, il obſervoit ſcrupuleuſement les loix qu'ils avoient portées; il imitoit le ciel, qui, agiſſant continuellement & uniformément dans les eſpaces éthérés, varie ſon action ſur la terre, & s'accommode à la nature & à la qualité des différentes contrées.

Comme il n'y a rien que la terre ne renferme & ne ſoutienne, rien que le ciel ne couvre & n'éclaire, de même la vertu de Confucius s'étendoit à tout ce qui concerne la conduite de l'homme.

Comme les quatre ſaiſons de l'année ſe ſuccedent ſans interruption, & que le ſoleil & la lune éclairent ſans ceſse le monde, de même la ſcience & la vertu de Confucius inſtruiſoient ſans ceſse les hommes.

La terre ſe couvre d'une infinité de productions différentes, les quatre ſaiſons ſe ſuccedent, la lune & le ſoleil font leurs révolutions; & dans toutes ces opérations la nature eſt variée, mais elle ne ſe contredit point : & elle n'eſt point oppoſée à elle-même, parcequ'elle produit chaque individu par une vertu particuliere; & le tout ou l'enſemble, par une vertu univerſelle.

Telle étoit la vertu de Confucius; il en avoit une particuliere qui déterminoit le temps & la maniere dont il devoit agir dans toutes les circonſtances de ſa vie, & une vertu univerſelle qui rapportoit chacune de ſes actions à la grande loi de la droite raiſon & de l'honnêteté.

Celui-là ſeul qui poſsede cette ſcience & cette vertu, a la pénétration, les lumieres & l'inſtruction néceſsaires pour bien tenir les rênes de l'empire; lui ſeul a la piété ou l'humanité généreuſe, bienfaiſante & douce qui gagne tous les cœurs; lui ſeul a la juſtice courageuſe, intrépide, ferme, conſtante, qui suit invariablement les loix de la droiture & de l'équité ; lui ſeul peut, par ſon honnêteté vraie, modeſte, grave & modérée, ſe concilier du reſpect & de l'autorité ; lui ſeul a la prudence pénétrante, circonſpecte, attentive & conſommée, qui diſtingue sûrement & dans toutes les circonſtances le vice de la vertu, le vrai du faux, l'honnête du deshonnête.

O que cette vertu eſt vaſte & immenſe ! qu'elle eſt profonde & féconde ! Il n'y a point de temps, de lieu, de circonſtances où elle ne ſoit d'uſage ; on peut, par ſon immenſité, la comparer au ciel ; par ſa profondeur, à l'abîme ; pour ſa

fécondité à la terre. Se montre-t-elle, tout le monde la révere; parle-t-elle, tout le monde la croit; agit-elle, tout le monde lui applaudit avec transport.

C'est ainsi que sa réputation pénetre dans tout l'empire, & se répand jusques chez les nations les plus éloignées & les plus barbares. En un mot, parcourez toutes les contrées où l'on peut se rendre par terre ou par eau, pénétrez dans tous les lieux où les forces humaines peuvent vous conduire, examinez toutes les parties du globe que la lune & le soleil éclairent, que les pluies & la rosée fécondent; & si vous y trouvez des hommes, vous n'en verrez aucun dont cette vertu n'obtienne l'hommage, l'amour & la confiance; & c'eſt ce qui juſtifie la comparaiſon que l'on a faite de cette vertu particuliere avec le ciel.

Quant à la vertu univerſelle qui embraſſe toute la ſphere de la droite raiſon & de l'honnêteté, Tsu-ſu dit : Celui qui eſt parvenu au plus haut degré de la vraie vertu, peut ſeul observer la grande loi des cinq états de la condition humaine, en rempliſsant exactement tous les devoirs de chacun de ces états, qui sont l'équité entre le ſouverain & le ſujet, l'amour entre le pere & le fils, la ſubordination entre le plus âgé & le plus jeune, le partage des fonctions domeſtiques entre le mari & la femme, la fidélité entre les amis : lui ſeul peut s'affermir ſolidement dans les grands principes du bon gouvernement & de la bonne conduite, ſuivre exactement les loix de la piété, de l'équité, de l'honnêteté, de la prudence naturelle, & s'élever jusqu'à la connoiſsance de la grande force du ciel & de la terre, par une obſervation ſuivie de la production des êtres, de leurs accroiſsements & de leur conſervation.

Mais comment l'homme s'est-il élevé à ce degré de ſageſse?

En ſuivant la direction de la nature & le flambeau de la raiſon.

C'eſt en développant les affections les plus naturelles & les plus intéreſsantes de ſon cœur, qu'il a rempli les devoirs des cinq états de la condition humaine : c'eſt en ſe rétabliſsant dans la profonde tranquillité de la nature, qu'il s'eſt affermi dans les grands principes de la vie & de la conduite humaine ; c'eſt en exerçant & en déployant la ſagacité naturelle de ſon eſprit, qu'il a découvert la grande force du ciel & de la terre, & la ſageſse de leurs loix dans la production des êtres.

Mais, pour comprendre cette vaſte perfection du ſage, il faut avoir porté au plus haut degré d'intelligence la clarté, la ſagacité, la piété, l'honnêteté & la prudence que la nature accorde à tous les hommes.

Ne croyez cependant pas que l'on arrive à cette ſublime perfection par des efforts pénibles, par des actions difficiles & extraordinaires.

Le Chi-king, en parlant de la reine de Hoei, dit :

« Elle portoit des habits riches « & précieux, mais elle les cachoit « sous une robe ſimple & commu-

« ne; car elle dédaignoit & haïſſoit « l'éclat & la magnificence des ou- « vrages recherchés. »

C'eſt ainſi que le ſage cache ſa vertu; mais plus il s'efforce de la cacher, & plus elle éclate.

Au contraire, l'inſensé parle à tout le monde & à tout propos de ſa prétendue vertu; mais plus il la publie, & moins on y croit.

Ainſi la vertu du ſage, sous une écorce inſipide, renferme une odeur des plus agréables; ſon extérieur négligé cache des graces touchantes: elle ſe préſente avec un air de confuſion, & le plus bel ordre regne sous cette apparence.

Mais comme il faut marcher dans

le chemin de la vertu avec beaucoup de circonſpection, il ne faut y entrer que lorſque l'on eſt bien convaincu qu'on ne peut arriver aux lieux éloignés qu'en paſsant par ceux dont on eſt le plus près; que c'eſt de l'homme même que naît & que dépend ſa réputation ; & que les choſes que l'on croit cachées & ſecretes ſe manifeſtent preſque toujours au dehors.

Le Chi-king dit : Quelque profondes que ſoient les eaux au fond deſquelles le poiſson ſe cache, cependant on peut le voir tout entier.

C'eſt pour cela que le ſage examine ſoigneuſement ſon cœur pour en bannir le vice & l'aigreur. Lorſqu'il eſt exempt de tout vice, il n'y a plus en lui rien dont il puiſse rougir ; car peut-on croire que ce que les hommes ne peuvent voir avec leurs yeux, ne puiſse pas être apperçu par le ſage ?

C'eſt pourquoi le Chi-king dit : « Lorſque vous êtes retiré dans vo-« tre chambre, fuſſiez-vous caché « dans l'angle le plus obſcur entre « le couchant & le nord, ne vous « permettez cependant rien qui ſoit « malséant. »

Ainſi le ſage, lorſqu'il ne fait rien, veille avec beaucoup d'attention ; &, dans le silence même, ne ſe permet que des pensées vraies.

Le même Chi-king dit : « Lorſ-

« que le petit-fils de l'empereur Chin-
« tun alloit lui rendre ſon homma-
« ge, il n'étoit pas plutôt entré dans
« la ſalle, que, ſaiſi de reſpect pour
« la mémoire de ſon aïeul, il gar-
« doit un profond ſilence, & l'im-
« poſoit à tous ceux qui l'accom-
« pagnoient : on n'entendoit pas le
« moindre mot de diſcuſſion en-
« tre les officiers, ſur leurs places
« ou ſur leurs fonctions. C'eſt ainſi
« qu'un prince ſage porte à la vertu
« par ſon exemple, & non par des
« récompenſes ; ce n'eſt point par
« la terreur & par les menaces qu'il
« prétend obtenir le reſpect & l'at-
« tachement des peuples ; c'eſt par
« ſa modeſtie & par ſa décence,

« mille fois plus puiſsantes & plus
« impoſantes que l'apparcil de la
« hache & de la faux. »

Dans une autre ode, le poëte, en parlant des fondateurs de la dynaſtie des Cheu, dit :

« L'admirable vertu de ces prin-
« ces s'occupa infiniment moins du
« soin d'environner leur perſonne
« d'une pompe & d'un faſte impo-
« ſant, que d'armer leur ame des
« vertus & des connoiſsances né-
« ceſsaires pour bien gouverner.
« Tous les rois imiterent leur exem-
« ple, & les aimerent autant qu'ils
« les reſpecterent. »

Un prince ſage s'applique donc principalement à ſuivre l'honnêteté dans toutes ſes penſées & dans toutes ſes affections; & il eſt sûr de bien gouverner ſon empire, ſans uſer de violence, & ſans contraindre perſonne par la force.

Le poëte, pour louer la vertu de Ven-vam, le repréſente s'entretenant avec le maître du ciel, qui lui parle ainſi :

« J'aime & je chéris votre vertu, « parcequ'elle eſt ſimple, ſans jac-« tance & ſans apparat. »

Confucius, en liſant cette ode, diſoit que les phraſes ſonores & nombreuſes, & l'ornement extérieur de la vertu, sont les dernieres reſsources du ſage qui veut renouveller les peuples & les diriger.

Les poëtes ſe sont exercés à peindre sous des images ſenſibles la force ſecrete de la vertu ; l'un d'eux dit : « Son excellence eſt auſſi im- « perceptible que le fil du duvet le « plus fin. »

Cependant ce duvet eſt ſenſible, & l'on peut encore voir des corps plus déliés. C'eſt pourquoi j'aime mieux ce que dit une autre ode en parlant de la vertu de Ven-vam.

« L'opération & l'influence du « ciel ne rend ni ſon ni odeur. »

Elle eſt inacceſſible à tous les ſens, & c'eſt en cela que conſiſte ſa ſouveraine perfection.

FIN.

www.ingramcontent.com/pod-product-compliance
Ingram Content Group UK Ltd.
Pitfield, Milton Keynes, MK11 3LW, UK
UKHW012202240726
13966UKWH00002B/534